BIONICLE®

Sous la surface des ténèbres

BIONICLE®

TROUVE LE POUVOIR,
VIS LA LÉGENDE.

La légende prend vie dans ces livres passionnants de la collection BIONICLE® :

1. Le mystère de Metru Nui
2. L'épreuve du feu
3. Sous la surface des ténèbres
4. Les légendes de Metru Nui

BIONICLE®

Sous la surface des ténèbres

Greg Farshtey

Texte français d'Hélène Pilotto

Éditions
SCHOLASTIC

Pour Leah, qui fait tout avec beaucoup de style, de classe et de grâce.

Catalogage avant publication de Bibliothèque et Archives Canada

Farshtey, Greg
Sous la surface des ténèbres / Greg Farshtey; texte français d'Hélène Pilotto.

(BIONICLE)
Traduction de : The Darkness Below.
Pour les jeunes de 9 à 12 ans.
ISBN 0-439-95289-1

I. Pilotto, Hélène II. Titre. III. Collection.

PZ23.F28So 2005 j813'.54
C2005-900711-7

Édition publiée par les Éditions Scholastic,
175 Hillmount Road, Markham (Ontario) L6C 1Z7.

5 4 3 2 1 Imprimé au Canada 05 06 07 08

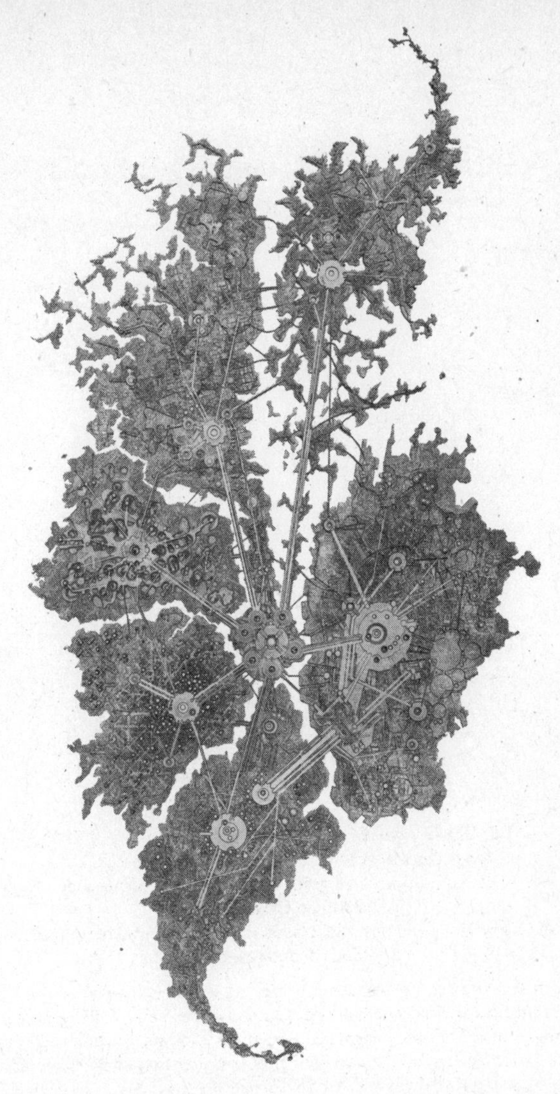

La cité de Metru Nui

BIONICLE®

Sous la surface des ténèbres

INTRODUCTION

Jaller fit une pause dans son travail et respira profondément. Il ne se souvenait pas d'avoir jamais abattu autant de besogne que durant ces derniers jours. Depuis qu'on avait annoncé que les Matoran allaient quitter l'île de Mata Nui pour l'île de la cité de Metru Nui, les villageois avaient travaillé jour et nuit pour construire suffisamment de bateaux, en prévision du grand voyage.

Ce travail incessant avait été bien accueilli par Jaller et ses amis, car leur village de Ta-Koro avait été détruit pendant la bataille pour sauver l'île de la noirceur. Ils devaient vivre dans les autres villages en attendant le jour où ils quitteraient Mata Nui pour de bon. Le soir, autour des feux, ils discutaient de Metru Nui, des merveilles qu'ils y trouveraient peut-être et de l'approche du jour où ils partiraient pour cet endroit nouveau et mystérieux.

— Nous ne nous rendrons jamais à Metru Nui si le grand Jaller continue de prendre des pauses.

Jaller se retourna et vit son amie Hahli qui lui souriait. Depuis que la Ga-Matoran avait été nommée chroniqueuse, peu de temps auparavant, elle se promenait d'un endroit à l'autre pour recueillir les histoires à propos de Metru Nui. Elle espérait pouvoir partager ces récits avec les autres Matoran lors du long voyage qui les attendait.

— Au moins, moi, quand je travaille, ça paraît, répliqua Jaller avec bonhomie. Tu sais, ce n'est pas avec des histoires qu'on construit un bateau.

— Peut-être pas, mais les histoires font paraître la traversée moins longue. Je m'en vais voir Turaga Vakama. Il va raconter aux Toa la suite de son récit à propos de Metru Nui. Je dois le noter pour l'ajouter au Mur de l'Histoire qui sera construit sur la nouvelle île. Tu m'accompagnes?

Jaller réfléchit. Il aurait probablement été préférable qu'il continue de travailler, mais il était déjà bien en avance sur les autres. Une petite pause ne lui ferait sûrement pas de mal.

— D'accord, dit-il. Allons-y.

Les deux amis se mirent en route pour la sablière

où se trouvait le Cercle d'Amaja, le lieu où Turaga Vakama avait l'habitude de raconter ses histoires. Après un court moment, Jaller demanda :

— Alors, c'est bien vrai?

— Quoi donc?

— Toutes ces histoires qu'on raconte. Que les Turaga ont déjà été des Toa à Metru Nui, qu'ils ont dû partir à la recherche de six Matoran, que l'un de ces six Matoran avait l'intention de trahir la cité, qu'ils ont réussi à réunir six Grands disques et à les utiliser pour terrasser un danger appelé la Morbuzakh.

Hahli hocha la tête.

— Oui, c'est la vérité, répondit-elle. Incroyable, n'est-ce pas? Un jour, ils sont des Matoran comme toi et moi, vivant et travaillant dans une grande cité. Le lendemain, ils sont devenus des Toa Metru dotés de pouvoirs, d'outils Toa et de tout ce que tu peux imaginer!

Là-haut, devant eux, ils pouvaient apercevoir les sept Toa rassemblés autour de Turaga Vakama. Le Turaga avait déjà commencé à parler :

— Cela avait été une mission difficile et très dangereuse, mais nous, les six Toa Metru, l'avions accomplie avec succès. Nous avions sauvé Metru Nui de la Morbuzakh et étions certains d'être accueillis en héros. Mais un autre danger nous guettait, une menace qui allait mettre à l'épreuve notre esprit d'équipe encore jeune.

Le Turaga du feu tourna les yeux vers le ciel étoilé. Tous ceux qui étaient présents devinèrent qu'en vérité, Turaga contemplait des images du passé. Il poursuivit :

— Un combat entre les Toa allait se dérouler sous la surface des ténèbres, loin sous la cité, un combat qui habite encore mes cauchemars.

Les six Toa Metru marchaient à travers les rues de Ta-Metru, en route vers le Colisée. Pour la première fois depuis qu'ils avaient été transformés en Toa, ils n'avaient pas besoin d'utiliser les ruelles ou de rester dans l'ombre. Même la présence des Vahki, les brigades des forces de l'ordre de Metru Nui, ne les inquiétait pas. Après tout, les Toa venaient de vaincre la Morbuzakh, cette terrible plante qui avait menacé de détruire la cité. Ils étaient des héros!

Mieux encore, ils avaient retrouvé les fameux Grands disques, cachés et dispersés aux quatre coins de la cité. Ils étaient persuadés que ces objets légendaires suffiraient à convaincre Turaga Dume, le Grand sage de la cité, ainsi que tous les Matoran, que les nouveaux Toa étaient capables de triompher de n'importe quel danger.

— Ils vont nous acclamer-applaudir au Colisée, se réjouit Matau, le Toa de l'air. Les sculpteurs de Po-Metru vont ériger des statues à notre effigie. Peut-être même va-t-on renommer les secteurs de la cité en notre honneur! « Ma-Metru », ça sonne drôlement chouette-bien!

Les autres Toa éclatèrent de rire. Bien sûr, Matau exagérait, mais il était probable que Turaga Dume les honorerait d'une façon ou d'une autre. Les Matoran de toute la cité le réclameraient.

— Maintenant que la Morbuzakh est anéantie, nous n'aurons peut-être plus aucun danger à affronter, suggéra Whenua, le Toa de la terre. À part les quelques bêtes Rahi qui se promènent en liberté à l'occasion, Metru Nui est plutôt tranquille d'habitude.

— Tu voudrais que nous nous endormions sur nos lauriers, Whenua? lança Onewa. Pas question, en ce qui me concerne. Maintenant que je suis un Toa Metru, je vais en profiter. À moi les meilleurs outils et les meilleurs matériaux : je vais créer des sculptures comme vous n'en avez jamais vues!

— Je vais accomplir plusieurs bonnes actions dignes d'un héros Toa, renchérit Matau. De cette façon, il y aura toujours des histoires à raconter à mon sujet. Et toi, Nokama?

— Je ne sais pas encore, répondit la Toa de l'eau. Il y a tant d'endroits à découvrir et à explorer. Comment est-ce sous la mer? Qu'y a-t-il au-delà du ciel? D'où viennent toutes les étranges créatures qu'on peut voir exposées dans les Archives d'Onu-Metru? J'ai maintenant le pouvoir d'aller là où j'en ai envie et de chercher les réponses à ces questions.

— Je n'ai aucune envie d'explorer quoi que ce soit, dit Nuju, le Toa de la glace, avec une mine dédaigneuse. J'ai de quoi m'occuper plus qu'il n'en faut à Ko-Metru. Maintenant que je suis un Toa, les autres auront peut-être moins tendance à m'interrompre pendant que je travaille.

Seul Vakama, le Toa du feu, n'avait pas encore parlé. De tous les Toa Metru, il était celui qui était le plus mal à l'aise avec ses nouveaux pouvoirs et avec les responsabilités qui les accompagnaient. Pourtant, quand le devoir l'avait appelé, il n'avait pas hésité à répondre à l'appel et à mener les Toa à la victoire. Nokama remarqua son silence.

— Et toi, Vakama? demanda-t-elle. Il y a sûrement un rêve que tu aimerais réaliser, maintenant que tu es un Toa?

— Pas vraiment, répondit-il. En fait, je suis content que nous soyons devenus des Toa et que nous ayons réussi à sauver la cité, mais… je serais tout aussi heureux si j'étais encore en train de travailler à ma forge, à Ta-Metru. La vie était beaucoup plus simple alors. Fabricant de masque un jour, fabricant de masque toujours, j'imagine.

— Le cracheur de feu veut redevenir un Matoran, ricana Onewa. Je ne crois pas que la transformation soit réversible.

— Ouais, nous sommes condamnés à être des héros Toa, ajouta Matau. Et nous ne manquons pas de soucis-problèmes. Combien de saluts à faire? Combien de masques-sculptures à notre effigie dans chaque metru? De quelle grosseur la maison-demeure pour chacun de nous?

— Vakama, si tu n'es pas enchanté à l'idée d'être un Toa, nous devrions peut-être nous choisir un autre chef, suggéra Onewa. Je pourrais très bien me charger de ce rôle.

— Ou moi! renchérit Matau. Matau de Ma-Metru, chef des héros Toa! Wow! J'aime ça!

— Je n'ai jamais dit que je ne voulais pas être un Toa, répliqua Vakama. Je n'ai jamais dit non plus que je voulais être le chef. Je me suis chargé de ce rôle parce que je connaissais mieux Ta-Metru que vous. Si quelqu'un d'autre veut être le chef, je n'ai aucune objection.

Nokama regarda Vakama. Elle était certaine que les paroles d'Onewa et de Matau l'avaient blessé, mais qu'il ne l'admettrait jamais. Tout en marchant, les autres Toa continuèrent de discuter de qui était le mieux qualifié pour diriger l'équipe. Onewa disait qu'il faudrait un esprit créatif comme le sien. Matau répliqua qu'un pilote de haut vol comme lui serait plus en mesure d'élaborer des stratégies. Whenua, lui, dit qu'il se chargerait du poste si on le lui demandait, puis parut déçu que personne ne le fasse.

Quant à Nuju, le Toa de la glace, il résuma sa pensée en peu de mots :

— Peu m'importe qui est à la tête de notre groupe, pourvu que cette personne ne s'attende pas à ce que je lui obéisse.

Nokama était sur le point de remettre à leur place ses quatre compagnons quand elle aperçut un Matoran courant en leur direction. Il venait d'Onu-Metru et on voyait, à son regard anxieux, qu'il se passait quelque chose de grave quelque part.

Whenua alla à sa rencontre. Le Matoran s'appelait Nuparu. Whenua ne le connaissait pas très bien. Quand d'autres travailleurs des Archives s'affairaient autour des objets exposés, Nuparu, lui, passait son temps seul dans son coin. Il était toujours en train d'essayer de comprendre comment les oiseaux Gukko volaient, comment le grand chat Muaka réussissait à étirer son cou pour attraper une proie, et autres questions de ce genre qui semblaient futiles aux yeux de bien des gens. Néanmoins, de voir Nuparu quitter les Archives et se précipiter à Ta-Metru était suffisant pour attirer l'attention du Toa de la terre.

— Toa! cria le Matoran, les Archives sont en danger!

— Ça va, Nuparu, dit Whenua, nous avons vaincu la Morbuzakh. Tout le monde est en sécurité.

Le Matoran secoua la tête avec frénésie.

— Non, non, il ne s'agit pas de la Morbuzakh. C'est la mer! Elle va inonder les Archives et détruire tout ce qu'elles contiennent!

Whenua hésita en entendant les paroles du Matoran. Les opérateurs d'excavatrices d'Onu-Metru avaient pris bien soin de renforcer les murs extérieurs des Archives, sachant que plus ils creusaient pour créer de nouveaux niveaux inférieurs, plus la pression du protodermis liquide sur les murs augmentait. Pourtant, de toute l'histoire de Metru Nui, la mer n'avait jamais été une menace sérieuse pour les objets exposés aux Archives.

Le Toa de la terre fit un signe de la main pour écarter les autres Toa. Ce problème concernait Onu-Metru et il serait pris en charge par le gardien de ce secteur. Ainsi en avait décidé Whenua.

— Raconte-moi ce que tu as vu, dit-il à Nuparu.

— J'étais… euh… sous les niveaux inférieurs et…

— Un instant, l'interrompit Whenua. Que faisais-tu si creux? Tu sais combien il est dangereux d'aller là-bas!

Whenua regretta aussitôt d'avoir employé un ton tranchant, mais il se souvenait de ce secteur sombre et effrayant des Archives pour y être allé récemment et s'en être échappé de justesse. Aucun Onu-Matoran, archiviste ou non, n'avait d'affaire à rôder là où étaient conservées des créatures bien trop dangereuses pour être exposées.

— Eh bien, euh… j'avais… j'avais entendu dire qu'il y avait un Rahkshi là-dessous, un jaune, qui avait été abattu, et je voulais… euh…

— Tu voulais en récupérer des parties pour ta dernière invention, coupa Whenua en fronçant les sourcils. Tu sais ce qui serait arrivé si d'autres archivistes t'avaient surpris en train de faire ça? Ou, pire encore, si un Vahki était passé par là?

— Je sais, soupira Nuparu en fixant ses pieds. De toute façon, je n'ai rien trouvé. Puis j'ai aperçu une trappe dans le plancher et je m'y suis glissé. Je me suis retrouvé dans un labyrinthe de tunnels dont j'ignorais complètement l'existence! J'ai donc exploré les lieux à l'aide de ma pierre de lumière. Je n'ai pas vu grand-chose, ni objet ni rien, mais au détour d'un tournant, je me suis tout à coup retrouvé les deux pieds dans le protodermis liquide! La mer s'infiltrait dans le tunnel!

La voix de Nuparu était assez forte pour que les autres Toa entendent. Nokama fut particulièrement intriguée par le mot « mer ». Elle s'approcha du Matoran, qui continuait son récit.

— Au début, je ne savais pas quoi penser. J'allais revenir sur mes pas, mais je me suis dit que, tant qu'à être là, je ferais mieux de vérifier l'ampleur de la situation. J'ai vu un mur entier traversé d'une large brèche par laquelle la mer entrait!

— C'est sérieux?

— La brèche s'agrandit. Si on ne la bouche pas rapidement, c'est toute la mer qui va s'engouffrer par là, dit Nuparu. Elle va d'abord inonder les niveaux inférieurs, puis les autres niveaux, et bientôt, toutes les Archives seront emportées.

— Dis-moi, une équipe de réparation est en route, n'est-ce pas? demanda Whenua.

Nuparu secoua la tête.

— Personne ne veut aller là-bas. Ils ont tous entendu trop d'histoires effrayantes. Alors, quand j'ai su qu'il y avait un nouveau Toa de la terre, je me suis mis à sa recherche. Il faut faire quelque chose!

— Je m'en charge, répondit Whenua. Maintenant, tu vas me raconter les événements encore une fois. Je veux que tu me décrives en détail tout ce que tu as vu.

Nokama était déjà retournée auprès des autres quand Whenua finit de discuter avec le Matoran. Le Toa de la terre affichait une mine renfrognée en se dirigeant vers le groupe.

— Je dois y aller, dit-il. Vous m'excuserez auprès de Turaga Dume, mais il s'agit d'une urgence. Nous nous reverrons plus tard au Colisée.

— Qu'est-ce qui peut être plus urgent-important que de raconter nos exploits à tout le monde? demanda Matau.

— En réaliser d'autres, répondit Nokama. Mais tu n'as pas à te charger seul de cette tâche, Whenua. Je t'accompagne. Les Archives sont importantes pour tous les habitants de Metru Nui. N'importe qui à Ga-Metru agirait comme moi.

— Je viens aussi, dit Vakama. Mon pouvoir de feu est affaibli suite à la lutte contre la Morbuzakh, mais je peux sûrement vous aider d'une façon ou d'une autre.

Puis, s'adressant à Onewa, il dit :

— Tous les trois, pouvez-vous expliquer à Turaga

Dume ce qui nous empêche de nous présenter devant lui?

— Bien sûr, ricana Onewa. Les trois autres auraient aimé être là, mais ils sont trop occupés à jouer les héros pendant que nous poireautons ici. Non, je pense que nous devons tous aller là-bas, que nous devons tous accomplir cette tâche et que nous irons ensuite tous ensemble au Colisée. Qu'en dites-vous? Matau? Nuju?

— Plus vite nous nous occuperons de ce problème, plus vite je pourrai retourner à Ko-Metru, dit Nuju. Je suis d'accord pour aider Whenua.

— Hum... dit Matau. J'avais très hâte d'annoncer aux Matoran que nous sommes maintenant des héros Toa, mais j'imagine que protéger-sauver les Archives et la cité entière nous attirera le double de félicitations. En route pour Onu-Metru!

S'étant entendus sur leur plan d'action, les six Toa changèrent de direction et se mirent en route pour le metru des archivistes. Whenua marchait devant, discutant avec Nuparu, tandis que Nokama et Vakama fermaient la marche.

— Tu sais, dit la Toa de l'eau au bout d'un instant, nous ne pouvons pas passer au vote chaque fois que nous avons une décision à prendre.

— Que veux-tu dire? demanda Vakama.

— Juste là, par exemple. Le protodermis aurait eu le temps d'atteindre un autre niveau avant que chaque Toa ne décide s'il venait ou pas. Nous ne pouvons pas nous payer le luxe de débattre chaque question. Nous avons besoin d'un chef.

— Je suis certain que tu ferais très bien l'affaire, dit Vakama.

— Non, ce n'est pas ce que je voulais... commença Nokama.

Mais le Toa du feu s'éloignait déjà.

Whenua mena les Toa Metru jusqu'à un endroit délabré, situé juste de l'autre côté de la limite d'Onu-Metru. La Morbuzakh ayant endommagé la plupart des toboggans et une grande partie de la structure visible des Archives, les Onu-Matoran devaient travailler fort pour effectuer les réparations nécessaires. À la vue des Toa, ils cessèrent tous leur ouvrage pour venir se masser autour des nouveaux venus.

Matau les accueillit avec chaleur et se mit aussitôt à leur faire le récit des exploits des Toa. Amusés, les autres Toa l'écoutaient transformer leur lutte contre la Morbuzakh en une aventure bien plus grandiose qu'elle ne l'avait été.

— S'il n'était pas déjà un Toa, il pourrait obtenir un emploi de chroniqueur, dit Onewa. Lui arrive-t-il de se taire?

— Pas pour la peine, répondit Nokama. Whenua, je ne vois aucune entrée pour les Archives. Comment nous rendrons-nous là où nous devons aller?

— Il n'y a aucune entrée visible, dit Whenua.

Il emprunta une ruelle et marcha jusqu'à un anneau en fer fixé dans la chaussée. Il s'agenouilla, attrapa l'anneau et, au prix d'un énorme effort, réussit à soulever la porte d'une trappe. Un petit Rahi ailé et une nuée d'insectes s'envolèrent du trou, duquel sortit aussi une bouffée d'air humide à l'odeur infecte.

— Je reconnais que ce n'est pas très agréable, mais c'est un raccourci, dit Whenua avec un haussement d'épaules. D'après Nuparu, les dégâts se trouvent dans les tunnels de maintenance. On surnomme ce coin « la toile de Fikou », du nom des araignées qui y vivent, parce que ces tunnels s'entrecroisent et partent dans tous les sens.

— Et si l'un de nous s'égarait? demanda Nokama.

— Il ne faut pas, répliqua Whenua. Il ne faut tout simplement pas. Vous n'aimeriez pas l'expérience. Les Matoran racontent des choses à propos d'équipes de réparation qui errent là-dessous depuis la construction des Archives, incapables de retrouver leur chemin. On dit qu'ils sont devenus un peu fous, mais, bien sûr, ce ne sont que des histoires.

Aucun des Toa ne parut réconforté par ces paroles. Matau, qui avait finalement terminé son récit, vint vers eux, six pierres de lumière à la main.

— Au cas où il ferait sombre-noir là-dessous, dit-il.

— Je peux venir? demanda Nuparu. Je peux vous mener directement à la brèche.

— Tu en as assez fait pour aujourd'hui, dit Whenua. Je veux que tu ailles avertir les archivistes. Dis-leur que nous allons faire notre possible pour colmater la brèche. Qu'ils se préparent à déplacer les objets des souterrains, au cas où ceux-ci seraient inondés. Tu as bien compris?

Nuparu fit signe que oui et s'enfuit en courant. Il comprenait pourquoi Whenua refusait qu'il les accompagne, mais cela le frustrait quand même. Tout en se dépêchant pour transmettre les ordres du Toa, il fit le vœu d'inventer, un jour, quelque chose pour aider les Matoran à se défendre du danger.

Whenua s'adressa à ses compagnons :

— Avec un peu de chance, ce ne sera pas trop long. Soyez quand même prudents. Les Archives nous réservent toujours des surprises.

Un par un, les Toa descendirent à sa suite dans le trou. Seul Matau sembla hésiter, ce qui poussa Nokama à se retourner et à lui demander :

— Que se passe-t-il?

— Je n'aime pas les sous-sols, répondit le Toa de l'air. Je suis un pilote de haut vol. Il me semble que les aventures des héros Toa devraient toutes se dérouler en surface, non?

— On peut toujours rêver, répondit Nokama en disparaissant dans l'obscurité.

Les tunnels de maintenance étaient l'équivalent souterrain des toboggans de Metru Nui : un moyen de transport rapide pour se rendre d'un bout à l'autre de la cité. Toutefois, contrairement aux toboggans qui étaient destinés à tous les habitants de Metru Nui, les tunnels de maintenance n'étaient accessibles qu'aux personnes autorisées, d'habitude des Ta-Matoran et des Onu-Matoran. Des conduits de toutes tailles couraient le long des murs des tunnels, transportant le protodermis liquide d'un endroit à l'autre, et acheminant le protodermis en fusion là où il fallait un supplément de chaleur.

Les Matoran utilisaient toujours des véhicules pour parcourir les tunnels, mais ceux-ci étaient trop petits pour les Toa Metru. Whenua se dit qu'un de ces jours, les Toa devraient songer à se munir de véhicules faits sur mesure pour eux. Cela leur épargnerait bien du temps passé à marcher, à sauter et à grimper.

Le Toa de la terre était anxieux. Il savait que les autres Toa Metru s'attendaient à ce qu'il dirige cette mission, mais sa connaissance de la toile de Fikou reposait en grande partie sur des histoires qu'il avait entendues. Il ne s'était jamais aventuré au-delà des tout premiers tunnels, ceux bordant l'extérieur du réseau, et là encore, c'était avec réticence qu'il l'avait fait.

Il s'inquiétait encore à ce sujet quand il sentit un courant d'air froid le frôler. Cela venait des profondeurs du réseau et ce n'était pas normal : il ne pouvait y avoir aucune ouverture vers la surface dans cette direction. Seules les trappes d'accès menaient aux Archives et aucun courant d'air ne pouvait venir de là.

Aucun des autres Toa ne sembla particulièrement dérangé par l'étrange brise ou par la baisse de température. Whenua se dit qu'ils n'avaient tout simplement pas compris l'étrangeté de la situation. Tout à coup, il se sentit incapable de faire un pas de plus. Quelque chose les attendait là devant, il en était sûr. Quelque chose de bien pire qu'une fissure dans un mur, et ils se dirigeaient tout droit dans sa gueule.

Ses craintes furent confirmées un moment plus tard quand un épais brouillard émanant de nulle part enveloppa les Toa. Même leurs pierres de lumière ne leur furent d'aucune aide pour traverser le nuage. Whenua fit volte-face et s'aperçut qu'il ne pouvait distinguer aucun de ses compagnons.

— Vakama? Nuju? Êtes-vous là? cria-t-il.

— Oui, répondit Vakama. Qu'est-ce que c'est que ça?

— Je n'ai jamais vu de brouillard comme celui-là, pas même à Ga-Metru, ajouta Nokama. Ce n'est pas normal.

Cela devint évident quelques secondes plus tard. Un éclair de lumière aveugla soudain les Toa. L'instant d'après, une décharge envoya Whenua s'écraser contre ses amis.

— Au nom de Mata Nui, qu'est-ce que c'était? dit le Toa de la terre, qui luttait pour rester conscient.

— La foudre, répondit Onewa. La foudre dans un tunnel souterrain et clos. Est-ce normal à Onu-Metru ou sommes-nous seulement très chanceux?

La foudre éclata une nouvelle fois et se dirigea droit sur le Toa de la pierre, comme si le curieux orage avait entendu ses paroles. Onewa eut le réflexe de plonger de côté juste avant que la foudre ne l'atteigne. La décharge frappa le mur derrière lui.

— Ça n'avait rien d'un accident, dit Nokama. Je crois qu'il est temps de faire demi-tour et d'élaborer un plan.

La voix de Nuju s'éleva dans le brouillard :

— Je serais d'accord si seulement nous pouvions voir où nous allons. Dans les circonstances, je ne crois pas que nous devrions tourner le dos à un nuage déchaîné.

— Silence! dit Vakama. Écoutez!

Les Toa Metru se turent. Un bourdonnement menaçant planait maintenant dans l'air, allant sans cesse en s'amplifiant. Le son était d'autant plus inquiétant qu'il était impossible de voir ce qui le causait.

— Pas de panique, dit Vakama. Souvenez-vous : nous sommes des Toa Metru et nous formons une équipe. Tant que nous restons unis, nous pouvons tout vaincre.

Dans son for intérieur, pourtant, Vakama ne se sentait pas bien confiant. Il croyait avoir reconnu le bourdonnement. S'il avait vu juste, le son provenait d'une variété d'insectes ailés de Ta-Metru, surnommés les « mouches à feu ». Pris individuellement, les insectes étaient plutôt inoffensifs. Mais si un essaim se mettait en colère, il poursuivait son ennemi à travers toute la cité.

Derrière Vakama se tenait Matau, qui commençait à en avoir assez de se promener sous terre dans le danger et la confusion. Il actionna ses lames aéro-tranchantes pour brasser l'air et dissiper le brouillard.

Même s'il ne pouvait tirer de ses pouvoirs affaiblis qu'une bonne brise, ce fut suffisant pour accomplir le travail.

La disparition du brouillard révéla une scène digne du pire cauchemar de tout Matoran : deux créatures puissantes et menaçantes se tenaient devant eux, leurs têtes, semblables à celles des reptiles, bougeant sans cesse d'avant en arrière. Des bâtons étaient serrés solidement dans leurs griffes.

— Des Rahkshi! cria Whenua.

L'un des Rahkshi était doré et il poussait des cris perçants à l'intention des Toa. Ce Rahkshi avait la capacité de contrôler la température dans un rayon limité. Son compagnon, une bête d'un orange vif, était entouré d'un nuage de mouches à feu qui étaient sous son contrôle. Les insectes n'attendaient que son signal pour passer à l'attaque.

— Que font-ils ici? demanda Nokama.

— La question est plutôt : que faisons-*nous* ici? dit Onewa. Je me souviens qu'il avait fallu l'aide de trois brigades de Vahki Zadakh pour s'occuper d'un Rahkshi qui était apparu à Po-Metru et, encore là, ils n'avaient réussi qu'à faire fuir la bête.

— Dans ce cas, il faudra faire mieux, dit Nuju en faisant jaillir de la glace de ses pointes de cristal.

Malheureusement, ses pouvoirs n'étaient plus ce qu'ils avaient été avant le combat contre la Morbuzakh et les Rakhshi ignorèrent le froid. La bête dorée émit un sifflement, puis relâcha un blizzard en direction des Toa.

Frappés de plein fouet par le vent et la neige, les héros reculèrent. Seul Vakama nota un avantage à cette situation : le froid intense éliminait les mouches à feu une à une. Le Rahkshi orange, en colère, s'avança vers le Rahkshi doré.

Les Toa furent alors témoins d'une scène où régnait la confusion la plus totale. Le Rahkshi doré avait relâché une autre tempête et envoyait une décharge de foudre après l'autre à l'endroit de son cousin contrôleur d'insectes. Toutefois, il n'avait pas remarqué qu'une armée de petits dévoreurs sortait de toutes les fissures des murs et des planchers. Ces bestioles se nourrissaient de tout morceau de protodermis inorganique qu'elles croisaient sur leur chemin. L'armure du Rahkshi figurait donc à leur menu... et toutes étaient particulièrement affamées.

— Voilà qui serait un spectacle très amusant si seulement nous n'avions pas à les dépasser pour poursuivre notre route, dit Onewa. Whenua, toi qui es archiviste, que sais-tu à propos de ces créatures?

Le Toa de la terre s'était maintenant remis de la décharge de foudre qu'il avait reçue et il était de nouveau sur pied.

— Les Rahkshi sont des bêtes facilement irritables qui sont prêtes à tout pour défendre leur territoire. Si nous faisons un pas dans leur direction, ils vont délaisser leur combat pour s'occuper de nous.

— Mais nous en veulent-ils personnellement? demanda Nokama. Ce bout de tunnel fait partie de leur territoire et ils le défendent tout simplement, non?

— Dans ce cas, nous avons peut-être la solution, dit Nuju. Faisons en sorte qu'il ne vaille pas la peine d'être défendu. Vakama, Whenua, j'ai besoin de votre aide.

Nuju décrivit son plan en peu de mots. Le combat entre les Rahkshi avait atteint une telle intensité que le tunnel menaçait de s'écrouler. Au signal du Toa de la glace, Vakama plaça ses paumes sur le sol et transmit à la pierre une chaleur brûlante. Pendant ce temps, Nuju utilisa ce qu'il lui restait de son pouvoir élémentaire pour fabriquer des glaçons au plafond du tunnel.

Au moment où les Rahkshi prenaient conscience de la chaleur qui se dégageait sous leurs pieds, Whenua actionna ses marteaux-piqueurs, les enfonçant dans le sol de manière à créer une crevasse qui courut droit vers les Rahkshi. Les deux créatures comprirent alors que les Toa avaient un lien avec ce changement subit de leur environnement et elles ne l'apprécièrent pas.

Le plan de Nuju fonctionnait à moitié. Les Rahkshi étaient visiblement inconfortables, mais pas assez troublés pour fuir leur territoire. Vakama inséra un disque dans son lanceur et le projeta en l'air en direction du Rahkshi doré. Quand il toucha sa cible, le pouvoir expansif du disque fit bondir la bête. Sa tête heurta le plafond et fit tomber une pluie de glaçons.

Le Rahkshi contrôleur d'insectes ne se comporta pas comme Vakama l'avait espéré. Au lieu de s'enfuir dans l'obscurité des tunnels, la bête fonça droit sur les Toa. Nokama et Vakama réagirent tous deux à cette attaque en envoyant, lui, des flammes, et elle, des jets d'eau. Mais leurs deux énergies se touchèrent et il en résulta un immense nuage de vapeur. Quand celui-ci fut dissipé, les Rahkshi avaient disparu.

— Quelque chose me dit qu'il faut plus qu'un bain de vapeur pour effrayer ces bêtes, dit Nuju. Elles vont revenir.

— Par Mata Nui! Pourquoi n'as-tu pas fait plus attention? lança Nokama au Toa du feu. J'aurais pu l'arrêter si tu ne t'étais pas mis en travers de mon chemin.

— Moi, en travers de ton chemin? Ce n'est pas

comme ça que les choses me sont apparues d'ici.

Nokama fut sur le point de répliquer quand elle changea d'idée. Se disputer n'arrangerait rien.

— Je m'excuse, Vakama. Aucun de nous n'avait tort. Mais c'est justement pour éviter ce genre de situation que je disais qu'il nous faut un chef. Nous ne pouvons pas continuer à improviser devant chaque danger qui se présente à nous. Nous avons besoin d'un plan.

— Voici un plan, dit Onewa. Cessons de parler et commençons à marcher avant qu'une autre surprise ne nous tombe dessus.

Les Toa Metru reprirent donc leur marche dans les tunnels. Aucun d'eux ne remarqua la paire d'yeux qui les observait, des yeux bien plus attentifs que ceux de n'importe quel Rahkshi. Ces yeux-là notaient la façon dont chaque Toa se déplaçait et se défendait, stockant ces renseignements pour un usage futur. Puis le corps auquel ces yeux étaient rattachés se glissa sans bruit dans l'obscurité et disparut.

La chasse était ouverte.

Les Toa Metru franchirent, sans autre difficulté, les limites extérieures du réseau des tunnels de maintenance. De temps à autre, une petite bête Rahi s'enfuyait à leur approche, disparaissant dans un trou ou se glissant parmi les conduits. Plus les Toa s'enfonçaient dans les profondeurs du labyrinthe, plus l'air était vicié. Matau se demanda à voix haute comment les Onu-Matoran faisaient pour travailler dans un tel environnement.

— Ils ont l'habitude, dit Whenua. La plupart des Onu-Matoran entreprennent leur carrière comme mineurs, à creuser le sol à la recherche de pierres de lumière. On s'habitue très rapidement à l'obscurité. Avec un peu de chance, on devient archiviste, mais là encore, on passe la plupart de son temps sous terre et à l'intérieur. Ces tunnels présentent peut-être quelques dangers, mais rien qu'un Onu-Matoran ne puisse affronter.

— Je ne vois toujours pas de Matoran, dit Onewa

en regardant à la ronde.

— Eh bien, euh... quelques-uns de ceux qui sont venus par ici dans le passé ne sont pas, euh... comment dire... revenus, admit Whenua.

— Tu disais que c'étaient des histoires, dit Nokama.

— Apparemment, les légendes des Onu-Matoran sont basées sur des faits bien réels, murmura Nuju.

— Y a-t-il autre chose que tu as oublié de nous dire, Whenua? demanda Onewa.

Whenua leva sa pierre de lumière pour permettre aux Toa Metru de bien voir ce qui se dessinait devant eux et dit :

— Seulement ça.

Le large tunnel dans lequel ils cheminaient se terminait abruptement au pied d'un mur de pierre, quelques pas devant eux. Le mur était percé de six ouvertures étroites, à peine plus larges que des fissures.

— C'est le début de la toile de Fikou, dit Whenua. À partir d'ici, il n'y a que des passages étroits creusés à même le roc qui s'entrecroisent, jusqu'à ce qu'on atteigne le tunnel principal qui se trouve de l'autre côté.

— Devrait-on se séparer? demanda Vakama.

Whenua fit signe que oui et ajouta :

— La brèche dans la digue se situe de l'autre côté de la toile, mais on trouvera peut-être d'autres dommages en chemin. Chacun de nous devrait prendre un tunnel. Nous nous croiserons sûrement en route, avant de nous retrouver à l'autre bout. Ne lâchez pas votre pierre de lumière. Si vous la perdez, vous risquez de devenir un des résidents permanents du coin.

— C'est ce que j'aime chez les Onu-Matoran, dit Matau, ils ont toujours le cœur à rire-blaguer.

Nokama choisit le tunnel situé à l'extrême gauche. Le passage était si étroit qu'il aurait été impossible pour deux Toa d'y marcher côte à côte. Elle qui était habituée à se déplacer librement dans les canaux de protodermis et en pleine mer ne se sentait pas du tout à l'aise dans un espace aussi petit. Elle n'avait pas de difficulté à croire que des Matoran pouvaient devenir fous, à force de passer trop de temps par ici.

Une fois de plus, Nokama se demanda si sa transformation en une Toa Metru avait vraiment été une bonne chose. Jusqu'à présent, elle ne s'entendait pas très bien avec ses camarades. Si on lui avait demandé son avis, elle n'aurait sûrement pas choisi ces cinq-là comme compagnons. Seul Vakama, malgré des dehors timides, semblait être habité d'une réelle sagesse. Mais voilà qu'elle s'était disputée avec lui aussi. Elle savait qu'il était fait pour être chef. Pourquoi ne le reconnaissait-il pas?

Nokama s'efforça de se concentrer sur le travail à accomplir. À l'aide de sa pierre de lumière, elle examina minutieusement les murs de chaque côté, à la recherche de fentes ou de fissures. N'importe lequel de ces tunnels pouvait être inondé à tout moment et elle se savait capable de survivre à cette menace, mais qu'en était-il des autres Toa Metru? Elle espérait qu'ils feraient preuve de prudence.

Le tunnel allait en serpentant. De petites galeries secondaires s'ouvraient à droite et à gauche, la plupart se terminant en cul-de-sac. Chacune d'elles devait cependant être examinée. Elle se demanda comment Whenua avait pu envisager se charger seul de cette tâche : cela lui aurait pris une éternité!

Au bout d'un moment, Nokama commença à se lasser. Tous les tunnels se ressemblaient et aucun d'eux ne montrait le moindre signe de faiblesse. Elle se demanda si tout ceci n'était pas qu'une chasse au Rahi sauvage. Un Matoran avait cru voir quelque chose, il avait paniqué et avait couru chercher le Toa le plus proche. Cela lui fit penser que, lorsqu'elle enseignait à Ga-Metru, elle insistait toujours pour que ses étudiants vérifient leurs faits avant de raconter quoi que ce soit.

Elle tourna donc le coin du tunnel en s'attendant à trouver les mêmes murs de pierre qu'elle avait vus des centaines de fois déjà, mais ce qu'elle vit la fit plutôt se figer. Le Rahkshi orange se tenait debout au milieu du couloir. Sa tête cuirassée était ouverte, mais la créature n'émettait aucun son.

Nokama prépara ses lames hydro. Le Rahkshi se contenta de la regarder. Ni l'un ni l'autre ne semblait vouloir faire le premier pas.

La Toa de l'eau évalua les choix qui s'offraient à elle. Si elle avançait, il lui faudrait sûrement s'engager dans un combat qu'elle n'était pas certaine de remporter. Si elle fuyait, le Rahkshi y verrait peut-être un signe de faiblesse et se lancerait à sa poursuite.

Pendant que Nokama réfléchissait, le Rahkshi leva son bâton et le pointa dans sa direction. Aussitôt, un nuage de mouches à feu surgit de l'obscurité et vola droit sur elle. Tout en se débattant contre les piqûres des insectes, Nokama se demanda pourquoi le Rahkshi semblait si surpris de cette démonstration de son propre pouvoir. La créature avait même commencé à reculer, comme effrayée par ce qu'elle avait déclenché.

Ce recul soudain n'aida en rien la Toa de l'eau. Les insectes étaient déjà en train de l'attaquer, la piquant, s'éloignant un peu, puis revenant à la charge et la piquant de nouveau. Le blindage du corps de Nokama suffisait à émousser la plupart de leurs dards, mais un bon nombre réussit quand même à le traverser et à envoyer la Toa au plancher. Dès qu'elle fut maîtrisée, les mouches à feu quittèrent les lieux, leur mission accomplie.

Seul le Rahkshi demeura, penché au-dessus de la forme inerte de la Toa inconsciente.

Dans un autre tunnel, Vakama marchait, perdu dans ses pensées. Il était sûr que Nokama était une amie, en dépit de certaines des choses qu'elle avait dites. Elle semblait même penser qu'il devrait assumer le rôle de chef des Toa Metru. C'était vrai qu'il avait fait du bon travail durant la lutte contre la Morbuzakh, mais il n'était pas certain de vouloir jouer ce rôle en permanence.

J'ai peut-être l'allure d'un Toa... Je me comporte même comme l'un d'eux à l'occasion... mais, dans mon cœur, je demeure un fabricant de masques, se dit-il en lui-même.

Il avait passé toute sa vie seul dans sa forge, transformant le protodermis en masques de Matoran et en masques de puissance. Cela demandait beaucoup de patience, de talent et de dévouement, mais ce n'était pas l'emploi idéal pour former quelqu'un à devenir chef des Toa.

Toute cette histoire s'est passée trop vite, pensa-t-il. *J'étais un Matoran normal et me voici soudainement avec tous ces nouveaux pouvoirs et toutes ces responsabilités. Les autres me regardent différemment, et ils attendent davantage de moi.*

Il s'arrêta pour éclairer le mur à l'aide de sa pierre de lumière. Aucune fissure ne le traversait et il semblait n'avoir jamais changé.

Pourquoi a-t-il fallu que, moi, je change? s'interrogea le Toa. *Suis-je toujours Vakama? Ou suis-je seulement le Toa du feu désormais?*

Il pousuivit sa route, absorbé dans ses pensées. Ses yeux inspectaient la paroi pendant qu'il avançait, mais son esprit était à Ta-Metru. Il se demanda un instant s'il pourrait un jour redevenir un Matoran. La légende était muette à ce sujet. Un Toa demeurait un Toa jusqu'à ce qu'il ait accompli sa destinée, mais après... Mystère.

Ces questions le préoccupaient tellement qu'il n'entendit pas tout de suite les pas qui résonnaient devant lui. Quand il les entendit enfin, il s'arrêta net... et les pas s'arrêtèrent aussi. Quand il se remit à marcher, les pas reprirent. Vakama voulut appeler pour savoir s'il s'agissait d'un autre Toa Metru, mais il pensa tout à coup qu'il pouvait aussi bien s'agir d'un Rahkshi. Dans ce cas, ce n'était vraiment pas nécessaire de lui révéler sa position.

Vakama avança avec beaucoup de précaution. Depuis leur transformation, les Toa avaient été pris par surprise à plus d'une reprise. Il était donc décidé à ce que cela ne se produise pas cette fois.

Vakama prit une grande respiration et s'élança dans le virage du tunnel avec son lanceur de disques chargé et prêt à être utilisé. Oui, il y avait bien quelqu'un, là devant. De forme élancée et puissante, la créature se déplaçait dans l'ombre en silence, portant des outils dangereusement acérés. Puis elle apparut dans la lumière et...

— Nokama?

L'air ahuri, Vakama regardait la Toa de l'eau. Ils venaient à peine de se séparer. Le tunnel de Nokama avait-il déjà croisé le sien?

— As-tu remarqué quelque chose de ton côté ou non? demanda-t-il.

La Toa de l'eau secoua la tête lentement et dit :

— Non.

Vakama s'approcha, mais Nokama recula aussitôt.

— Que se passe-t-il? demanda Vakama. C'est moi. Tu n'as pas à avoir peur.

— Pas peur, répliqua Nokama. As-tu remarqué quelque chose?

— Eh bien, quelques petits Rahi, des traces de véhicules et quelques noms de Matoran gravés sur les murs, dit Vakama. Rien d'inquiétant.

— Matoran, répéta Nokama tout bas, comme si ce mot portait malheur. Inquiétant.

Vakama rejoignit Nokama. Elle avait l'air bizarre.

— Qu'est-ce qu'il y a? As-tu…?

Le Toa du feu s'arrêta en plein milieu de sa phrase. Il était en proie à une autre de ses visions, une soudaine suite d'images de l'avenir qui s'imposaient à son esprit, comme celles qui l'avaient averti de la présence de la Morbuzakh. *Il vit Onewa étendu sur le sol, inconscient. Et penché au-dessus de lui… Vakama!*

Un puissant jet d'eau fit voler la vision en mille morceaux, et le Toa du feu fut soulevé du sol et projeté d'un bout à l'autre du tunnel. Il alla s'écraser avec fracas contre le mur de pierre et tomba sur le sol. Avant qu'il puisse rassembler ses esprits et se remettre debout, Nokama le plaqua contre le sol avec la force de ses jets d'eau. Même si son corps se débattait pour se libérer, son cerveau, lui, était assailli de questions. Pourquoi agissait-elle ainsi? Comment avait-elle fait pour régénérer ses pouvoirs élémentaires à leur pleine puissance? Avait-elle l'intention de trahir les autres Toa et, si oui, pourquoi?

S'il arrivait à reprendre sa respiration, Vakama espérait pouvoir poser ces questions à la Toa de l'eau. Mais, cloué au sol par la force brute de ses deux puissants jets d'eau, il avait, pour le moment, plus de chance de devenir le premier Toa à se noyer sur la terre ferme.

Le Rahkshi doré se déplaçait prudemment dans le tunnel. Tous ses sens étaient en alerte. Il y avait encore des étrangers sur son territoire, et cela était intolérable. Les étrangers faisaient beaucoup de bruit et allaient chasser les Rahkshi, à moins que les Rahkshi ne réussissent à les attaquer les premiers.

Il ne pouvait pas entendre les six étrangers de tout à l'heure, mais il pouvait les sentir. Ils n'étaient plus en groupe et leurs odeurs transportaient des traces de peur. Cela plaisait au Rahkshi. Quand les habitants d'en haut traînaient leur peur dans les tunnels, ils étaient plus faciles à trouver et à chasser.

Le Rahkshi essaya de se rappeler comment il en était venu à vivre ici, mais en vain. Il avait un vague souvenir d'avoir d'abord vécu ailleurs, puis d'avoir effectué un long trajet qui l'avait mené sur la terre là-haut. Mais comme les étrangers étaient trop nombreux à vouloir le capturer, il avait fui et s'était glissé dans les ténèbres froids, mais accueillants, des profondeurs.

Le Rahkshi s'arrêta lorsqu'il sentit une autre présence au-devant de lui. Il s'agissait d'un autre Rahkshi, mais pas menaçant celui-là. En rasant le mur, il s'avança jusqu'à ce qu'il puisse voir l'autre créature. C'était le Rahkshi orange de tout à l'heure. Il était étendu sur le sol et ne bougeait pas.

Le Rahkshi doré s'approcha encore. Pourquoi était-il immobile? Était-il blessé? Le grand sommeil l'avait-il emporté? Non, le kraata en forme de limace qui se trouvait à l'intérieur de son crâne était seulement assommé. De toute façon, qui pouvait abattre un Rahkshi comme celui-ci? Aucun des petits là-haut. Aucun des six.

Il flottait dans l'air une forte odeur qui n'était pas inconnue du Rahkshi. Il avait déjà rencontré une créature avec cette odeur, il y avait très longtemps, lors de son arrivée dans les souterrains. Il plongea dans ses souvenirs pour essayer de mettre une image nette sur cette odeur.

Puis, tout à coup, le Rahkshi se souvint. Et avec ce souvenir vint quelque chose d'autre, quelque chose qu'aucun de sa race n'avait jamais ressenti avant...

La peur.

* * *

Onewa se mit péniblement à quatre pattes. Il ne pouvait dire depuis combien de temps il avait perdu connaissance ni de quelle façon il s'était retrouvé étendu sur le sol, inconscient.

À la vue des traces de brûlure sur le mur de pierre, les souvenirs commencèrent à lui revenir en mémoire. Il avait été en train d'explorer le tunnel lorsque quelqu'un était apparu derrière lui. C'était Vakama. Le Toa du feu avait l'air un peu confus, mais il avait accepté d'aider Onewa à inspecter quelques-unes des galeries secondaires. Le Toa de la pierre s'était remis au travail, puis…

C'est lui qui a fait ça! réalisa Onewa. *J'ai d'abord senti une chaleur, et, l'instant d'après, j'étais bombardé de stalactites qui tombaient tout autour de moi.*

Le Toa de la pierre leva les yeux, sachant d'avance ce qu'il allait voir. Les stalactites n'étaient pas tombés d'eux-mêmes : des jets de flammes bien précis avaient fait fondre ce qui les retenait au plafond.

Onewa ignorait pour quelle raison un de ses compagnons Toa avait essayé de lui faire du mal, et à vrai dire, il s'en fichait. Tout ce qui comptait pour lui maintenant, c'était de retrouver Vakama et de lui montrer ce que la pierre pouvait faire au feu.

* * *

Dans un autre tunnel non loin de là, Nokama aussi reprenait ses esprits. Les piqûres d'insectes lui faisaient encore mal, mais elle savait que la douleur finirait par passer. Non, ce qui la préoccupait pour le moment était bien plus important.

Elle passa en revue chaque détail de sa rencontre avec le Rahkshi contrôleur d'insectes. Elle se remémora chacun de ses mouvements, chacune de ses réactions à son endroit, et même la façon dont sa tête cuirassée s'était ouverte pour permettre au kraata qui y était logé de pousser son cri.

Pourtant, aucun son n'en est sorti, réalisa-t-elle. *Quand la cuirasse s'est ouverte… il n'y avait pas de kraata à l'intérieur!*

Nokama n'était pas du tout experte en Rahkshi. Comme n'importe quel autre Matoran, elle en avait vu quelques-uns aux Archives, conservés dans des tubes hypostatiques, et une autre fois aussi, à Ga-Metru, où l'un d'eux avait fait des ravages avant d'être abattu par les Vahki. Mais elle en savait assez à leur sujet pour être certaine qu'un Rahkshi sans son kraata n'était rien d'autre qu'une armure vide, effrayante peut-être, mais vide.

Ce n'était donc pas un Rahkshi, pensa-t-elle avec effroi. *À moins qu'il ne s'agisse d'une espèce différente.*

J'aurais tendance à penser que j'ai imaginé toute cette histoire, mais les piqûres, elles, sont bien réelles. C'était donc quelque chose qui ressemblait à un Rahkshi, qui en avait les pouvoirs, et...

Une fois, il y avait bien longtemps, alors que Nokama et ses amis jouaient au bord des canaux situés à la limite de Ga-Metru et de Ko-Metru, Nokama avait glissé et était tombée dans le canal. Entraînée par le courant, elle s'était retrouvée dans l'autre metru. Or, pendant qu'elle traversait Ko-Metru, le protodermis liquide était devenu très froid. Le temps qu'on vienne à sa rescousse, Nokama était à moitié gelée. Mais les frissons qu'elle avait ressentis à cette époque n'étaient rien à côté de ceux qui la traversaient maintenant.

Si cette créature peut ressembler à un Rahkshi, à quoi d'autre peut-elle ressembler? se demanda-t-elle en se mettant à courir. *Ou... à* qui *d'autre?*

Vakama était furieux.

À son réveil, Nokama avait disparu. Apparemment, la Toa de l'eau avait pensé en avoir fini pour de bon avec lui. Il allait lui prouver de ce pas à quel point elle avait tort.

* * *

Nuju marchait depuis très longtemps. Du moins, il en avait l'impression. Comme le Toa de l'air, il était mal à l'aise dans cet environnement souterrain. Même s'il détestait l'admettre, il devait reconnaître qu'il avait au moins ce point en commun avec Matau. Nuju s'ennuyait des tours de Ko-Metru, de son air frais et pur, et plus que tout, de la vue des étoiles tapissant le ciel. Il se sentait chez lui quand il était au sommet d'une des Tours de la connaissance, occupé à surveiller son metru, et pas à se promener à travers les tunnels de maintenance d'Onu-Metru, à la recherche de fissures. Était-ce vraiment là le travail d'un Toa Metru?

Ces tunnels étroits lui permettaient au moins d'échapper pour un moment aux autres Toa. Il sentait qu'il était sur le point de les frigorifier tous s'il devait entendre une discussion de plus ou une autre des mauvaises blagues de Matau. Il espérait qu'une fois qu'ils se seraient tous présentés à Turaga Dume, au Colisée, il pourrait faire cavalier seul et être simplement le Toa de Ko-Metru.

Il fut interrompu dans ses plans d'avenir par un tremblement qui secoua tout le réseau de tunnels. Ensuite, il entendit ce qui semblait être un glissement de pierre, pas trop loin devant lui. Des images d'éboulement défilèrent dans sa tête, et son esprit imagina un instant les six Toa prisonniers sous terre. Nuju fonça en avant, espérant s'être trompé sur ce qu'il avait entendu.

C'était presque pire que ce qu'il avait imaginé. Une grande portion d'un des murs s'était effondrée et la lueur d'une pierre de lumière révélait Matau à demi enterré sous les pierres. Nuju tenta de recouvrir les pierres de glace dans le but de les fracasser une fois gelées, mais son pouvoir était trop faible pour y parvenir. Il dut plutôt les déplacer une à une pour libérer le Toa de l'air.

Matau retrouva ses esprits au moment même où Nuju achevait de le dégager. Ses yeux étincelèrent et il projeta un minicyclone vers Nuju. Le Toa de la glace fut soufflé vers l'arrière, mais pas assez violemment pour se blesser.

— Pourquoi as-tu fait ça? demanda-t-il.

— Nuju? C'est bien toi? s'écria Matau.

— D'après toi, combien de Toa de la glace se promènent dans le coin? répondit Nuju en aidant Matau à se relever. Que t'est-il arrivé?

— C'est Onewa, dit Matau. Il est devenu fou-cinglé. Je l'ai salué et, en retour, il m'a envoyé un pan de mur sur la tête.

— Ça ne lui ressemble pas, dit Nuju en fronçant les

sourcils. Toi peut-être, mais pas lui. As-tu dit quelque chose pour le mettre en colère?

Matau secoua la tête.

— Non. Il m'a salué de la main et les pierres ont déboulé. Et regarde ça!

Le Toa de l'air indiquait un point dans le haut du mur partiellement démoli. Nuju s'approcha et vit une trace de brûlure.

— Ça aussi, c'est lui qui l'a fait, insista Matau. Pchiiiit, chaleur-flamme.

— D'accord, dit Nuju. Nous ferions mieux de le trouver... avant qu'il trouve quelqu'un d'autre.

Nokama fonça à travers les tunnels, tentant de réprimer le sentiment de panique qui l'envahissait. Un Rahkshi qui n'en était pas un… Et si Nuparu n'était pas Nuparu? Et si tout cela n'était qu'un piège pour capturer les Toa Metru? D'abord les attirer dans les ténèbres, puis les isoler les uns des autres, et ensuite…

Non, se dit-elle. *Ressaisis-toi. Bien sûr que Nuparu est Nuparu! Et les incidents qui se déroulent ici sont bien réels, mais le danger le sera aussi si je ne trouve pas bientôt les autres Toa Metru.*

Le souhait de Nokama se réalisa l'instant d'après, lorsqu'une boule de feu passa près d'elle à toute vitesse. Il s'agissait sûrement d'un avertissement, car le tir était trop éloigné d'elle pour l'atteindre, mais cela suffit pour qu'elle déploie ses lames hydro. Ses yeux scrutèrent l'obscurité pour trouver d'où provenaient les flammes.

— Cette fois, tu ne me prendras pas par surprise, dit Vakama en sortant de l'ombre, son lanceur de disques en main. J'ignore pourquoi tu as décidé de nous trahir, Nokama, mais ton combat est perdu d'avance.

— Attends! Tu ne comprends pas! cria Nokama.

— Tu aurais dû t'assurer que j'étais vaincu, dit le Toa du feu en lançant un disque Kanoka en direction de la Toa de l'eau.

Nokama n'hésita pas une seconde. Elle plongea de côté et évita le disque de justesse. Celui-ci alla heurter un stalagmite et le réduisit à la taille d'un caillou. Nokama sentit sa gorge se serrer.

— Vakama, ne m'oblige pas à me défendre, cria-t-elle. Écoute-moi, s'il te plaît!

— Je t'écouterai avec plaisir quand tu seras bien ligotée, répondit le Toa du feu.

Il se pencha et appliqua ses paumes sur le sol. Les yeux de Nokama s'agrandirent lorsqu'elle vit la dalle de pierre rougir et une vague de chaleur venir droit sur elle.

— Tu… l'auras… voulu! lança-t-elle en effectuant un saut périlleux pendant lequel elle projeta ses jets d'eau avec puissance sur Vakama.

Pris par surprise, le Toa du feu fut déstabilisé et il tomba lourdement sur le sol. Nokama fit une pirouette et atterrit derrière lui.

Mais Vakama l'attendait. Devinant à quel endroit elle toucherait le sol, il roula sur lui-même et parvint à lancer un autre disque. Celui-là toucha sa cible et Nokama sentit une terrible faiblesse l'envahir. Elle tomba à genoux, à peine capable de tenir ses outils en l'air.

Le Toa du feu se releva.

— Ne bouge pas, Nokama. Je t'en prie.

Nokama leva la tête et regarda Vakama. Elle pensa avec horreur : comment pouvait-elle être sûre qu'il s'agissait bien de son ami? Peut-être que la chose qui avait personnifié le Rahkshi la poursuivait, cette fois sous la forme de quelqu'un en qui elle avait confiance? Si c'était le cas, elle ne pouvait pas se permettre de perdre la bataille. Qui sait ce que cette chose... quoi qu'elle soit... réserverait aux autres Toa?

Nokama travailla fort à canaliser ses pouvoirs élémentaires. Si elle réussissait à inonder le tunnel, elle pourrait s'échapper et aller avertir les autres. Mais elle agissait avec trop de lenteur. Vakama avait chargé son lanceur d'un nouveau disque et il s'apprêtait à le lancer.

Soudain, un tremblement ébranla le tunnel. Une averse de pierres s'abattit sur le Toa du feu et l'envoya rouler sur le sol, assommé. Nokama regarda derrière Vakama pour savoir d'où venait cette attaque. Onewa se tenait là, les yeux brillants et les proto-pitons plantés dans le sol.

— Éloigne-toi d'elle, Vakama, grogna-t-il. Tu n'auras plus besoin de ton feu, maintenant.

Dès qu'ils ressentirent la secousse, Nuju et Matau accélérèrent le pas.

— As-tu un plan-stratégie au cas où Onewa serait vraiment devenu fou?

— On le maîtrise, répondit Nuju.

— Quel excellent-brillant élève tu devais être, dit Matau en ne cherchant même pas à cacher son ironie. Et puis quoi? Nous le remettons aux mains des Vahki? De quoi aurions-nous l'air, nous, les héros Toa?

Matau avait raison et Nuju détestait quand cela se produisait. Il imaginait les cinq Toa Metru se présentant au Colisée pour rencontrer le Turaga, accompagnés d'un sixième Toa, ligoté et prêt à être livré aux brigades des forces de l'ordre. Quel genre de confiance cela inspirerait-il aux Matoran de Metru Nui? Les Toa seraient bannis avant d'avoir vraiment commencé leur carrière.

Un autre tremblement secoua les tunnels.

— Nous nous soucierons de tout ça quand nous l'aurons capturé, dit Nuju. Si nous le capturons…

* * *

Vakama se retrouvait en plein cauchemar.

D'un côté, Nokama s'était remise de sa crise de faiblesse et lançait maintenant des sphères d'eau dans sa direction. De l'autre, Onewa, apparemment en proie à la même folie que Nokama, était en train de détruire la moitié du tunnel, tout en lançant des absurdités à propos de Vakama qui lui aurait tendu une embuscade.

Vakama ne savait toujours pas ce qui se passait avec eux, mais il était sûr d'une chose : seul, il ne pourrait pas venir à bout de deux Toa Metru. Déjà, il avait peine à échapper aux attaques de Nokama et à faire fondre la pierre qu'Onewa faisait tomber sur lui. Vakama se demandait où étaient Nuju, Matau et Whenua. Avaient-ils déjà succombé à leur rencontre avec leurs « amis »?

Vakama ne pouvait pas se défendre éternellement sans finir par commettre une erreur. En se déplaçant pour éviter une pluie de pierres, il se retrouva dans la trajectoire d'un des jets d'eau de Nokama. L'impact le fit tomber sur les genoux. Onewa se précipita pour le capturer.

— Peut-être Turaga Dume saura-t-il guérir ce qui cloche avec toi, cracheur de feu, dit le Toa de la pierre. En attendant, je confisque le lanceur de disques.

Onewa toucha l'outil de Vakama, mais avant qu'il

puisse s'en saisir, il fut soulevé de terre et emporté à l'autre bout du tunnel par une soudaine bourrasque de vent. Vakama leva les yeux et vit Matau et Nuju debout près de lui.

— Surprise! dit le Toa de l'air. Nous avons suivi tes tremblements de terre, Onewa, et nous nous sommes vite retrouvés ici. Alors, dis-moi, pourquoi m'as-tu fait tomber un mur sur la tête?

J'avais donc raison, pensa Vakama. *Il y a vraiment quelque chose de bizarre avec Onewa. Matau vient d'en donner la preuve!*

Nokama accourut pour aider Onewa à se lever et les deux restèrent solidaires.

— Tu as tort, Matau! lança-t-elle. C'est Vakama qui est devenu fou, pas Onewa. Tu dois nous aider à le maîtriser.

— Non! Onewa t'a dupée, répondit Matau.

— Il se passe des choses bizarres ici, dit Nuju d'une voix juste assez forte pour capter l'attention de chacun. Vakama m'a attaqué par surprise et Nokama dit qu'il a aussi attaqué Onewa. Mais Matau affirme que c'est Onewa le coupable... un Onewa qui a, à la fois, le pouvoir du feu et celui de la pierre.

— C'est ridicule! trancha Onewa. Je n'ai pas vu Matau depuis que nous nous sommes séparés!

— Et Nokama m'a attaqué, dit Vakama. Cet endroit est en train de nous rendre tous fous.

— Je suggère que nous cessions les hostilités jusqu'à ce que nous ayons découvert la véritable explication à tout cela, dit Nuju.

Avec réticence et lenteur, les autres Toa Metru acceptèrent de se plier à la sagesse de ces paroles. Ils baissèrent leurs outils Toa et se regardèrent avec méfiance. Onewa et Nokama se tenaient d'un côté, Nuju et Matau de l'autre, et Vakama était au milieu. Un lourd silence pesait sur les cinq et la voix qui le brisa n'appartenait à aucun d'eux.

— Il était temps, dit Whenua en arrivant dans le tunnel. Je commençais à penser qu'il me faudrait vous attaquer tous à la fois.

Les autres Toa Metru commencèrent à parler tous en même temps, soit pour mettre en garde Whenua, soit pour lui expliquer comment le conflit avait débuté. Il était impossible de comprendre quoi que ce soit à cette cacophonie.

— Assez! cria Whenua. Vous êtes tous dans l'erreur. Vous avez tous été trompés par un autre Toa Metru… et aucun de vous ne l'a été.

— Qu'est-ce que tu racontes? demanda Onewa. Je sais très bien ce qui m'est arrivé.

Seule Nokama sembla comprendre.

— Bien sûr... dit-elle. Le Rahkshi que j'ai vu...

— Laisse-moi deviner, dit Whenua. Il ressemblait à un Rahkshi, mais avec quelque chose en moins.

— Oui! Comment le sais-tu?

— Cette créature est une Krahka, expliqua le Toa de la terre. Je l'ai rencontrée moi aussi. C'est une bête Rahi extrêmement dangereuse. Elle se défend en adoptant l'apparence de l'ennemi et elle le fait si parfaitement qu'elle en reproduit même les pouvoirs et les capacités.

— Ça explique pourquoi cet « Onewa » possédait à la fois le pouvoir de la pierre et celui du feu. La Krahka devait avoir reproduit le pouvoir de Vakama, puis celui d'Onewa, dit Nuju.

— Mais pourquoi nous pourchasse-t-elle? demanda Nokama. Que lui avons-nous fait?

Whenua fronça les sourcils.

— Ceci est son territoire. Nous sommes des intrus. Elle veut probablement nous chasser d'ici.

— Alors que faisons-nous? demanda Onewa, à son tour. Nous retournons en courant à Metru Nui parce que cette chose ne veut pas de nous? Et les Archives? Et l'inondation?

Whenua n'avait pas de réponse à cela. Ce fut

Vakama qui prit la parole :

— À partir de maintenant, nous restons ensemble. De cette façon, nous éviterons les attaques-surprises.

— C'est brillant-pas bête, dit Matau. On devrait peut-être même chasser-poursuivre cette Krahka avant de s'occuper de la brèche.

— Non! dit Whenua. Nous devrions plutôt sortir d'ici rapidement. Vous ne savez pas ce qu'une Krahka est capable de faire.

Les Toa Metru échangèrent un regard. C'était le metru de Whenua et ils étaient d'accord pour le laisser diriger l'opération, mais voilà qu'il voulait fuir, sans raison. Quelque chose clochait là-dedans. Nuju résuma leurs sentiments en disant :

— Alors, nous allons tout bonnement au Colisée? Ou nous enfuyons-nous vers lui?

C'est le moment, se dit Nokama en regardant Vakama. *Vas-y, sois un chef. Prends cette décision.*

Mais Vakama ne parla pas. Onewa, lui, le fit :

— Ce n'est pas un Rahi sans cervelle qui va me faire peur. Moi, je suis d'avis qu'il faut continuer, attraper cette bestiole et ensuite, s'occuper de ce que nous avons à faire ici. Qui est d'accord avec moi?

Un à un, tous les Toa Metru se joignirent à lui. Whenua fut le dernier à se rallier à son idée.

— Bon, d'accord, dit le Toa de la terre, si tel est notre plan, alors je serais mieux de vous guider. J'ai ma petite idée sur l'endroit où la Krahka se cache.

Whenua en tête, les six Toa Metru se remirent en marche. Matau et Nuju traînaient derrière. Le Toa de l'air avait l'air embêté.

— Nuju?

— Quoi?

— Si cette Krahka peut prendre l'apparence de tout ce qu'elle voit-rencontre... comment saurons-nous que nous l'avons trouvée?

C'était une bonne question, et Nuju aurait bien aimé avoir la réponse.

Ils n'avaient pas parcouru beaucoup de chemin que, déjà, la plupart des Toa Metru n'avaient aucune idée de l'endroit où ils se trouvaient ou de la route à suivre pour sortir de là. Personne n'avait pensé à laisser une trace de leur progression dans les tunnels. Pour sa part, Whenua se déplaçait dans le labyrinthe d'un pas sûr, n'hésitant devant aucune des intersections.

Jusque-là, aucun incident n'était survenu. Les quelques petits Rahi qu'ils avaient croisés prenaient la fuite à leur rencontre. À un moment donné, Vakama crut avoir repéré le Rahkshi doré, mais celui-ci disparut dans les ténèbres avant que le Toa ne puisse le voir correctement.

— Initiation à la traduction, dit Nokama à voix basse.

— Quoi? dit Nuju en se tournant vers elle.

— Initiation à la traduction. C'est le cours que je donnerais aujourd'hui… si je n'étais pas devenue une Toa Metru.

— As-tu des regrets? demanda le Toa de la glace.

Nokama haussa les épaules.

— Non, bien sûr que non. Nous sommes des héros, n'est-ce pas? Nous pouvons accomplir des choses que personne d'autre ne peut faire. Mais... quand as-tu vu un Toa faire du sport pour la dernière fois? Ou sauter dans les toboggans juste pour le plaisir? Ou vaquer à n'importe quelle occupation à laquelle les Matoran se livrent chaque jour?

Nuju ne répondit rien. Le souvenir qu'il gardait de Toa Lhikan était celui d'un être plus grand que nature, défendant la cité contre n'importe quelle menace, puis s'en retournant, épuisé, attendre le prochain appel de détresse. Dans sa vie, il ne semblait y avoir aucune place pour le plaisir ou l'amitié.

— Je ne me plains pas de tout ce que nous avons acquis, continua Nokama. Je m'ennuie simplement de ce que nous avons peut-être perdu.

— Il n'en tient peut-être qu'à nous de devenir un autre genre de Toa Metru, dit Nuju. Et de nous assurer de transmettre ces leçons à tous les Toa qui nous succéderont.

Les Toa marchaient déjà depuis quelque temps lorsque Whenua leva la main.

— Arrêtez! Regardez devant.

De toute évidence, il y avait longtemps que le plancher de la portion de tunnel qui s'étalait devant eux s'était effondré. Un pont précaire, fabriqué de câbles venant de Le-Metru, avait été construit au-dessus du gouffre. Il était assez large et assez solide pour qu'un groupe de Matoran le traverse, mais beaucoup trop fragile pour supporter six Toa Metru.

— Y a-t-il un autre moyen de traverser? demanda Nokama.

Whenua secoua la tête.

— Alors, on y va, remueur de terre, dit Onewa. Un à la fois.

Le pont était fait d'un seul câble, relié à deux autres situés plus haut qui servaient de main courante. Whenua s'engagea prudemment sur le câble et commença sa traversée d'un bon pas. Il était rendu à mi-chemin lorsque quelque chose commença à remuer dans l'obscurité sous le pont.

— Que Mata Nui nous protège... dit Nokama. Qu'est-ce que c'est?

Nuju se pencha au-dessus du vide.

— Des rats-rocheux, répondit-il. Des milliers de rats-rocheux.

— Des centaines de milliers, dit Vakama. Leurs

terriers ont dû être dérangés lorsque le tunnel s'est effondré.

— Dangereux? demanda Matau.

— Tu n'en voudrais sûrement pas comme animal de compagnie, répondit Onewa. Leurs dents peuvent gruger du roc. Place un chariot Ussal, un toboggan ou même une Tour de la connaissance entre eux et leur repas, et ils le boufferont aussi.

Whenua continuait à avancer comme s'il n'avait pas vu les bêtes dessous lui. Il atteignit l'autre côté et fit signe aux autres de venir le rejoindre. Nokama fit un pas sur le pont et s'arrêta, voyant des milliers d'yeux rouges briller en bas et entendant les cris des rats-rocheux affamés.

— Comment se fait-il que les Chroniques ne nous signalent jamais l'existence de choses comme celles-là? dit-elle.

— Probablement parce que le chroniqueur s'est enfui, ricana Onewa. Seuls les Toa sont assez braves pour faire ce genre de travail.

— Assez braves ou assez fous?

— Braves si on réussit à traverser, répondit le Toa de la pierre. Fous si on échoue.

Nokama ferma les yeux et canalisa toutes ses forces. Les Matoran de Ga-Metru étaient formés tant aux disciplines mentales que physiques, les deux se complétant parfaitement. Elle se concentra pour se rappeler tout ce qu'elle avait appris à propos du maintien d'un équilibre parfait. Quand elle se sentit fin prête, la Toa de l'eau ouvrit les yeux et commença sa traversée du pont.

Elle avançait d'un pas lent et régulier, et rien d'autre n'existait pour elle que le câble sous ses pieds. Il n'y avait ni rats dessous, ni Toa derrière, ni images, ni sons qui n'étaient pas reliés à ce qu'elle devait accomplir. Elle ne se rendit même pas compte qu'elle était rendue de l'autre côté jusqu'à ce que Whenua lui saisisse la main pour l'aider à franchir les derniers pas.

— Ma foi, si elle peut le faire… dit Matau.

Il sauta en l'air, tourna sur lui-même et agrippa les deux câbles qui servaient de garde-fous. Sous le regard ahuri des autres Toa, il entreprit de traverser le pont en marchant sur les mains.

— Voilà comment fait un héros Toa!

— Voilà comment fait un conducteur de chariot Ussal qui a passé trop de temps dans les toboggans, murmura Onewa. À toi, Vakama.

Si le Toa du feu était craintif, il ne le montra pas. Son lanceur de disques chargé, il marcha sur le câble aussi vite qu'il put. Il avait presque atteint l'autre côté lorsqu'il entendit Nokama crier son nom.

Vakama fit volte-face et aperçut une espèce de fantôme s'élever de la mer de rats-rocheux. Au premier coup d'œil, il ne put voir de quoi il s'agissait, mais quand le spectre passa à travers le pont pour ensuite s'immobiliser en l'air, il reconnut un Rahkshi à tête et à épine noires, doté de griffes et de pattes vert foncé. Vakama projeta un de ses disques vers la forme mouvante, mais le disque traversa sa cible sans la toucher.

— Il n'y a pas de quoi s'inquiéter-avoir peur, dit Matau. Si tu ne peux pas le toucher, il ne peut pas te toucher non plus, non?

Le Rahkshi poussa un cri en guise de réponse. Puis, sous le regard effrayé des Toa, il passa de l'état fantomatique à l'état réel, et descendit en piqué. Il frappa le pont de plein fouet, sectionnant une de ses extrémités. Vakama agrippa le câble et s'y accrocha pendant qu'il allait heurter le mur de pierre.

En bas, les rats-rocheux grouillaient, s'attendant à voir le Rahkshi tomber parmi eux. Au dernier moment, la densité de la créature changea encore une fois et elle se remit à voler vers le haut. Frustrés, quelques rats-rocheux se dirigèrent vers le bout de câble du pont qui traînait au milieu d'eux. Avec précaution, ils commencèrent à grimper le long du câble. Voyant leur succès, d'autres bêtes les suivirent, grimpant toutes en direction de Vakama.

Le Toa du feu se hissa à la force de ses bras vers la plate-forme rocheuse. Nokama lui tendit sa lame hydro pour qu'il l'attrape.

— Vite! dit-elle. Ils s'en viennent!

Vakama regarda en bas. Les rats-rocheux montaient à toute vitesse le long du câble. D'un instant à l'autre, ils seraient sur lui, puis ils atteindraient la plate-forme où se tenaient Nokama, Matau et Whenua. Sentant qu'il ne réussirait pas à se rendre là-haut à temps, Vakama décida qu'il ne lui restait plus qu'une chose à faire.

Il attrapa un disque et le projeta avec violence contre le câble. La faible puissance du disque Kanoka et son bord tranchant suffirent à sectionner le câble. Le Toa du feu, le pont et les rats-rocheux tombèrent tous ensemble dans le gouffre béant.

— Vakama! hurla Nokama.

Onewa et Nuju regardèrent avec impuissance leur ami plonger dans le vide.

— De la glace? demanda Onewa.

— J'ai essayé, répondit Nuju, mais mes pouvoirs élémentaires sont épuisés!

Matau passa devant Nokama en déclarant :

— Pas question de perdre un ami-Toa aujourd'hui!

Avant que Nokama puisse l'arrêter, il plongea dans le vide à son tour.

Vakama vit le Toa de l'air descendre en piqué vers lui.

— Ralentis ta chute! cria Matau. Tourne sur toi-même, Vakama!

Le Toa du feu n'avait aucune idée où Matau voulait en venir, mais il n'avait pas le temps de discuter. Lâchant le câble, il exécuta une série de culbutes pour ralentir sa chute. Alors qu'il complétait la troisième, il sentit Matau l'attraper par les poignets.

— Maintenant, on fait du haut vol! hurla Matau.

Un coup de vent subit souleva les deux Toa vers le plafond. Vakama jeta un coup d'œil en bas et vit le pont suspendu disparaître dans la masse grouillante de rats-rocheux.

— Pas mal mieux que marcher-se promener, non? dit Matau en riant.

— Bien sûr, répondit Vakama. À moins de voler directement dans un Rahkshi. Attention!

Matau tourna la tête et vit le Rahkshi qui se trouvait en plein dans son chemin. Incapable de changer la direction des vents, à temps pour modifier leur trajectoire, il fonça avec Vakama tout droit à travers la substance vaporeuse de la créature. C'est alors que le Rahkshi se solidifia et saisit la jambe de Vakama. Les deux Toa Metru et le Rahkshi tombèrent ensemble comme une roche.

— Matau! Il faut un vent plus puissant! hurla Vakama.

— Ou un passager de moins! répondit Matau d'un ton sec.

Le Toa du feu essaya de se débarrasser du Rahkshi, mais la créature ne lâchait pas prise. Vakama rassembla toutes ses forces pour produire les flammes les plus fortes, mais le Rahkshi les évitait en redevenant immatériel, avant de s'accrocher de nouveau à lui.

— Il ne me lâche pas! cria-t-il.

— Il va le faire, frère-Toa, répliqua Matau. Je ne crois pas qu'il va apprécier notre destination!

Le Toa de l'air rassembla toutes ses forces et les canalisa dans un puissant coup de vent qui les dirigea tous les trois vers le mur de pierre. Vakama jeta un rapide coup d'œil à Matau et vit dans ses yeux une détermination sans faille. Il ne fléchissait pas, alors qu'il était en train de les mener tout droit vers une mort certaine.

Super! songea Vakama. *Je n'aurais jamais pensé que*

je finirais mes jours en compagnie d'un Toa à l'esprit dérangé qui se prend pour un oiseau Gukko.

Le Toa du feu fut tenté de fermer les yeux alors que le mur se rapprochait de plus en plus, mais il ne le fit pas. Toa Lhikan aurait affronté son destin les yeux ouverts et la tête droite, et Vakama n'allait pas manquer à la tradition en affichant sa peur.

À la toute dernière seconde, juste avant d'entrer en collision avec le mur, Matau dévia vers le haut, tirant Vakama avec lui. Le Rahkshi, entraîné vers le mur à toute vitesse, reprit instinctivement sa forme irréelle pour éviter le choc. Ses pattes glissèrent de la cheville de Vakama et il lâcha tout, traversant le roc et disparaissant à l'intérieur du mur.

Voyant cela, Matau grimaça.

— J'espère que ce Rahkshi n'aura pas l'idée de reprendre sa forme solide pendant qu'il est là-dedans.

Tout à coup, le Toa de l'air perdit de l'altitude, remonta, puis chuta de nouveau.

— Que se passe-t-il? demanda Vakama.

— Mon pouvoir faiblit! répondit Matau. Les vents ne répondent-obéissent plus!

Le Toa de l'air luttait pour rester en l'air. À plus d'une reprise, ils eurent l'impression qu'ils allaient, sous peu, faire connaissance avec les rats-rocheux, bien mieux qu'aucun Toa ne l'avait jamais souhaité. Finalement, Matau réussit à les mener au-dessus de la plate-forme où Nokama et Whenua les attendaient. Ce fut là que son pouvoir l'abandonna complètement, les envoyant tous deux vers le sol de pierre.

Nokama accourut pour attraper Vakama. Matau eut moins de chance et tomba brutalement aux pieds de Whenua, qui ne fit aucun mouvement pour amortir sa chute.

— Merci bien pour le coup de main-sauvetage, grommela le Toa de l'air. La prochaine fois, c'est toi qui t'occuperas de sauver le cracheur de feu pendant que je reste en sécurité sur la plate-forme.

— Tu as fait preuve d'un très grand courage, dit Nokama à Matau, mais tu n'aurais pas dû avoir à faire ça.

Elle se tourna vers Vakama :

— Nous aurions pu nous occuper des rats-rocheux, si cela avait été nécessaire. Tu n'avais pas à te sacrifier.

Il n'y avait aucune colère dans ses paroles, mais elles produisirent le même effet sur le Toa que si elles en avaient contenu. Vakama savait que Nokama avait raison. Ils étaient tous des Toa Metru. En agissant avec le sentiment qu'il devait protéger les autres, il n'avait réussi qu'à mettre sa propre vie et celle de Matau en danger.

Apprendrai-je enfin un jour à devenir un Toa? se demanda-t-il. *Les épreuves sont de plus en plus difficiles. Si j'échoue la prochaine, je n'aurai peut-être jamais la chance de me reprendre.*

— J'aimerais dire que tout va bien, mais je crois que nous avons encore un problème sur les bras, dit Nokama en faisant un signe en direction du gouffre. En fait, trois : deux Toa Metru coincés de l'autre côté et aucun pont. Alors? À qui le tour d'avoir une idée de génie?

De l'autre côté, Onewa regardait la scène en secouant la tête.

— Si nous devons compter sur eux pour nous venir en aide, dit-il, nous risquons d'attendre très longtemps. Qu'est-ce que tu dirais de faire un saut dans le futur, Nuju?

Avant que le Toa de la glace puisse lui répondre, Onewa l'attrapa par le bras et sauta du bord. Ses deux jambes puissantes les propulsèrent loin au-dessus du gouffre, mais vraiment pas assez près de la plate-forme où se tenaient les autres Toa. Tout laissait présager que les rats-rocheux recevraient bientôt deux cadeaux inespérés.

Cela ne parut pas du tout inquiéter Onewa. Quand les deux Toa atteignirent la hauteur maximale de leur saut, il utilisa son pouvoir Toa en visant le sol tout en bas. L'instant d'après, un pilier de pierre apparaissait à mi-chemin de l'espace qui les séparait de la plate-forme, en plein dans la trajectoire du Toa de la pierre.

Onewa lança l'un de ses proto-pitons devant lui. Celui-ci alla se planter dans le pilier, ce qui permit à Onewa de se jeter dans le vide et de se balancer jusqu'au pilier, Nuju à sa suite. Le Toa de la glace lui décocha un regard assassin en lui disant :

— Ne fais plus… jamais… ça.

— Calme-toi, le savant, répliqua Onewa. Tu vas t'y habituer.

En poussant un grand cri, Onewa entraîna de nouveau Nuju en l'air. Les autres Toa Metru eurent juste le temps de s'écarter avant que les deux atterrissent sur la plate-forme, Onewa se mettant en boule et roulant sur lui-même pour minimiser l'impact, et Nuju s'écrasant violemment contre le roc.

Le Toa de la pierre fut le premier à se remettre sur pied, à temps pour voir Nuju se lever et s'élancer vers lui. Vakama accourut pour les séparer.

— Si mes pouvoirs étaient à leur pleine puissance, lanceur de pitons, tu peux être sûr que plus personne n'entendrait parler de toi avant le dégel, grogna Nuju.

— Des paroles en l'air, contempleur d'étoiles, lança Onewa. Essaie donc d'abattre du vrai boulot, de temps en temps.

— Ça suffit, vous deux! trancha Vakama. Il y a déjà eu assez de conflits entre nous!

— Ce ne sont pas des comportements dignes des Toa, ajouta Nokama. Que penserait Turaga Dume s'il nous voyait?

— Turaga Dume n'aura jamais l'occasion de nous parler-sermonner si nous restons là, dit Matau. Nous continuerons le débat-discussion quand nous serons sortis d'ici.

— Oui, mettons-nous en route, dit Whenua d'un air renfrogné. Nous sommes presque arrivés.

Puis, sans attendre la réponse de ses amis, il fit demi-tour et commença à s'enfoncer dans les tunnels.

Matau le regarda s'éloigner et secoua la tête.

— S'il continue à garder cet air sombre-sinistre, je le nomme Toa de la boue.

Nokama ne répondit pas, mais elle ne quitta plus Whenua des yeux. L'équipe reprit sa marche.

Quelque temps plus tard, le Toa de la pierre rejoignit Whenua.

— As-tu une idée de ce que nous ferons quand nous aurons attrapé cette bestiole?

— Non, répondit Whenua.

— As-tu déjà eu affaire à un transmutateur comme celui-là dans les Archives?

Le Toa de la terre sembla embêté par la question et il mit beaucoup de temps avant de répondre :

— Comment l'aurions-nous su?

Le chemin rétrécit, puis s'élargit de nouveau. Même si leurs pierres de lumière fonctionnaient très bien, l'obscurité semblait maintenant plus profonde et les ombres plus difficiles à pénétrer. Au bout d'un certain temps, en dépit de la vive lumière que dégageaient les pierres de lumières, l'obscurité devint impossible à percer et les Toa Metru durent s'arrêter.

— Ce n'est pas normal, dit Nokama à voix basse.

Ce noir, on a l'impression qu'il est presque… vivant.

— Je pense que ton imagination te joue des tours, dit Nuju. L'obscurité, c'est simplement l'absence de lumière. Ce n'est pas quelque chose de vivant.

— Continuons, dit Onewa. Par ici, suivez ma voix. Non, attendez, je crois que c'est par ici que nous sommes venus. Nous aurions peut-être dû aller dans l'autre sens. Je…

La voix du Toa de la pierre s'arrêta net. Nokama l'appela, mais il ne répondit pas. Même en restant parfaitement immobiles, les autres Toa n'entendaient pas leur ami – ni rien d'autre, d'ailleurs.

Finalement, Whenua dit :

— Par ici.

Les Toa avancèrent dans la direction d'où provenait la voix. Ils marchaient l'un derrière l'autre, le Toa de la terre en tête, suivi de Nokama, Nuju, Matau et Vakama. Si Onewa traînait quelque part derrière, il ne donnait aucun signe de vie. De temps à autre, l'un des Toa jetait un coup d'œil par-dessus son épaule, mais il était impossible pour quiconque de percer les ténèbres.

Vakama était inquiet. Onewa n'était évidemment pas le compagnon Toa le plus facile, mais il n'était pas un lâche. Il ne se serait jamais enfui en abandonnant ses amis derrière lui.

Quelque chose lui est arrivé et, si nous ne faisons pas attention, la même chose nous arrivera, se dit-il.

Cette pensée venait à peine de lui traverser l'esprit que quelque chose glissa dans les ténèbres pour venir s'enrouler autour de ses jambes, ses bras et son masque. Il songea un instant que la Morbuzakh était de retour, mais la sensation sur son corps n'était pas la même. Puis un manque d'air coupa court à ses pensées et le Toa s'évanouit. La chose mystérieuse qui s'était emparé de lui s'affairait maintenant à le traîner plus loin.

— Vakama, tes flammes pourraient peut-être nous éclairer, dit Nokama. Te reste-t-il assez de force pour essayer?

Le Toa du feu ne répondit pas. Nokama s'arrêta net et Nuju la heurta.

— Pourquoi t'arrêtes-tu? demanda le Toa de la glace.

— Je crois que Vakama a disparu, lui aussi! répondit-elle. Quelque chose se cache dans le noir, Nuju. Comment se défend-on contre une chose qu'on ne voit pas?

Elle fit un geste pour trouver Nuju, mais sa main rencontra plutôt quelque chose qui ressemblait à un champ électro-magnétique. Un léger choc parcourut son bras et la fit sursauter brusquement. Peu après, elle sentit son bras s'engourdir.

— Nuju! cria-t-elle. J'ai senti quelque chose!

Quand Nokama étendit la main une seconde fois, le champ électro-magnétique avait disparu… et le Toa de la glace aussi.

— Whenua! Matau! Êtes-vous là?

— Je marche-trotte juste derrière toi, dit Matau. Où sont les autres?

— Ils ont trouvé des galeries secondaires? suggéra Whenua.

Nokama fut surprise de voir le Toa de la terre si peu inquiet, tout en admettant qu'il était bien placé pour savoir à quel point il était facile de se perdre dans ces tunnels.

— Je pense que nous devrions nous donner la main, dit Nokama.

— Bonne idée! répondit Matau. Peut-être même que Whenua pourrait marcher devant en éclaireur pendant que nous deux, nous restons ici, main dans la main.

— Très drôle, Matau.

Nokama prit la main de Whenua, mais lorsqu'elle voulut faire la même chose avec Matau, elle se rendit compte que le Toa de l'air avait disparu. Elle dut faire appel à toute sa volonté pour ne pas céder à la panique. Si les autres Toa étaient en danger, il ne restait plus que Whenua et elle pour leur venir en aide.

Whenua l'entraînait devant avec tant de force qu'elle sentait à peine le sol sous ses pieds. L'obscurité diminuait autour d'elle à présent et elle parvint à entrevoir des bouts de murs de pierre. Tout à coup, l'obscurité oppressante disparut complètement et Nokama dut cligner des yeux pour s'habituer à la vive lumière qui éclairait les lieux.

Whenua et elle se trouvaient seuls dans une caverne. Aucune trace des autres Toa ou de ce qui les avait emportés. Le Toa de la terre regarda autour de lui et dit :

— Je les avais prévenus que ce serait dangereux. Nous aurions dû faire demi-tour.

— Il est trop tard pour y penser, maintenant, répliqua Nokama sèchement. Nous devons tenter de les retrouver. Je ne sors pas d'ici sans eux.

— Eh bien, tu as à moitié raison, murmura Whenua. Si nous revenons sur nos pas, nous serons pris au piège. Nous devrions continuer. De toute façon, s'ils sont perdus... je doute que nous les retrouvions un jour.

Nokama se tourna brusquement vers le Toa de la

terre. Whenua avait fait ces commentaires comme s'il parlait d'un outil égaré.

— Tu as raison, Whenua, dit Nokama. C'est très dangereux dans le coin, n'est-ce pas? Mais le Toa de la terre s'est porté volontaire pour nous guider à travers les tunnels de son metru. De cette façon, nous pourrions éviter les endroits les plus dangereux... ou peut-être pas.

Elle croisa ses lames hydro devant elle et recula d'un pas, prête pour le combat.

— Les six Toa Metru peuvent vaincre n'importe quel ennemi. Mais si l'un des six n'était pas vraiment l'un d'entre eux, alors, ce serait le mensonge qui vaincrait. C'était bien ce que tu recherchais, n'est-ce pas, Krahka?

Sous les yeux étonnés de Nokama, « Whenua » se transforma en une copie conforme de Vakama.

— Je me demandais à quel moment tu allais tout deviner, Toa. Vous ne vouliez pas quitter mon domaine, même après que l'un d'entre vous l'ait suggéré. Maintenant... vous ne le quitterez jamais.

— Donc, une partie de ce que tu as dit était vrai, répondit Nokama. Tu peux prendre l'apparence de n'importe lequel d'entre nous. Tu es le Rahkshi que j'ai rencontré, n'est-ce pas?

Encore une transformation et le Rahkshi doré apparut devant Nokama. Une autre transformation et il redevint Vakama.

— Oui, répondit la créature. Aucun Rahkshi ne se laisserait tromper, car les sens de ces bêtes sont plus développés que les vôtres.

— Pourquoi toutes ces complications? demanda Nokama en tournant autour de la créature pour avoir la meilleure position défensive possible. Pourquoi ne pas simplement apparaître en Turaga Dume et nous ordonner de quitter les tunnels?

— Je peux seulement adopter l'apparence de ceux que j'ai rencontrés, dit la Krahka, passant rapidement de Vakama à Nuju, puis à Onewa. Et il me faut du temps pour apprendre votre langue. Quand j'avais ton apparence et que j'ai rencontré Vakama pour la première fois, je pouvais seulement répéter les mots qu'il m'avait dits.

La Krahka enfila les transformations, empruntant l'apparence de chacun des six Toa l'un après l'autre, pour finir de nouveau en Whenua.

— Maintenant, j'ai appris. Je me suis adaptée. Il est trop tard pour vous tous.

— Où est le vrai Whenua? Que lui as-tu fait?

— Rien de plus que ce que j'ai fait aux autres Toa,

dit la Krahka avec la voix retentissante de Whenua. Les tunnels sont un abri pour les Rahkshi. Des Rahkshi qui peuvent enrouler leurs corps élastiques autour du vôtre... ou vous téléporter ailleurs... ou vous emprisonner dans un champ électro-magnétique... ou simplement vous réduire au silence afin que personne ne puisse vous entendre crier.

Nokama continuait à se déplacer en restant hors d'atteinte de la Krahka. Elle savait que plus longtemps le Rahi parlerait, plus ses pouvoirs élémentaires auraient le temps de se régénérer.

— Pourquoi ne nous laisses-tu pas partir? Nous ne te voulons aucun mal.

La Krahka prit l'apparence hideuse d'une bête mi-Rahkshi, mi-Toa pendant un quart de seconde, puis se changea en Matau.

— Parce que vous ne partiriez pas. Les habitants d'en haut ne partent jamais. C'est chez moi ici. Vous êtes les envahisseurs. Vous n'êtes pas les bienvenus.

Nokama s'apprêtait à répliquer, mais elle changea d'idée. Les Toa auraient très bien pu adresser les paroles de la Krahka à la Morbuzakh lorsqu'elle menaçait Metru Nui. Après tout, la Krahka ne faisait rien d'autre que défendre son territoire. Cela dit, Nokama devait sauver ses amis, et si la Krahka était déterminée à lui faire obstacle, la lutte entre elles était inévitable.

— Tu réalises bien que si nous ne retournons pas chez nous, d'autres « habitants d'en haut » vont descendre par ici, dit la Toa de l'eau. Ils vont partir à notre recherche. Ton territoire sera saccagé. Est-ce vraiment ce que tu veux?

— S'ils vous cherchent, ils vont vous trouver, répondit la Krahka en se changeant en Vakama. Les Toa Metru ont découvert, à une grande profondeur, un danger qui menace la cité, ajouta-t-elle avec la voix du Toa du feu. Nous allons rester ici tant que la situation ne sera pas rentrée dans l'ordre.

Nokama était abasourdie. Elle n'y avait jamais pensé… mais cela était logique. La Krahka pouvait tromper n'importe qui en faisant croire que les Toa étaient en sécurité et qu'ils poursuivaient leur mission. D'ailleurs, qui, à part Nuparu, savait qu'ils étaient sous terre? Qui partirait à leur recherche?

Soudain, trois formes émergèrent des tunnels pour pénétrer dans la caverne. C'étaient trois Rahkshi : un de couleur argent, un noir et blanc, et un bleu et beige.

— J'ai senti qu'il y avait de grands pouvoirs en toi, dit la Krahka, bien plus grands que tu ne peux l'imaginer. C'est dommage de penser que tu ne pourras jamais atteindre ton plein potentiel.

La Krahka-Vakama s'éloigna et les trois Rahkshi prirent sa place. Ils semblaient intimidés par la Krahka, probablement perturbés par le conflit entre ce qu'ils sentaient et ce qu'ils voyaient. Chose certaine, ils ne montraient aucune réticence à pourchasser Nokama.

Les trois créatures se séparèrent pour entourer Nokama. La Toa fit une feinte à droite, puis plongea pour attraper les pattes du Rahkshi bleu et beige. Quand elle parvint à l'endroit où se tenait la bête, celle-ci disparut comme si elle n'avait jamais été là. Puis elle réapparut un peu plus loin.

Téléportation? se demanda Nokama en se remettant sur pied. *Non... simple illusion. Je le vois là où il n'est pas.*

Elle n'eut pas le temps de poursuivre sa réflexion. Le Rahkshi argent envoya une décharge de foudre dans sa direction. Elle réussit à éviter le plus gros de l'impact, mais la dose d'énergie qui l'effleura fut suffisante pour la projeter à travers la pièce. Toutefois, Nokama ne toucha pas le sol. Au lieu de cela, elle se retrouva prisonnière d'un cyclone créé par le Rahkshi noir et blanc.

Quand les vents cessèrent abruptement, Nokama atterrit avec violence sur le sol. En titubant, elle réussit à se mettre à quatre pattes au prix d'un effort inouï. Les trois Rahkshi tenaient bon, prenant soin de se tenir toujours hors de sa portée. Elle essaya de se lever, mais une décharge de foudre éclatant juste au-dessus de sa tête la fit changer d'idée.

Assez curieusement, les réactions des Rahkshi contribuèrent à faire diminuer sa peur. S'ils avaient été certains de la vaincre, ils se seraient déjà approchés. Au lieu de cela, ils se tenaient plutôt à bonne distance et tentaient de lui faire perdre l'équilibre.

Ils ne savent pas à quoi s'attendre de moi, réalisa-t-elle. *Ils n'ont peut-être jamais vu de Toa auparavant. Cela signifierait qu'ils n'ont aucune idée de la puissance de mes pouvoirs.*

— J'apprécie ce petit repos. Tout ce temps passé à marcher m'a fatiguée, dit-elle sur un ton qui se voulait confiant. Vous ne pensiez tout de même pas qu'un simple trio comme le vôtre allait arrêter une Toa, n'est-ce pas?

Les Rahkshi s'agitèrent. Ils ne comprenaient pas les mots, mais ils sentaient bien que le ton n'était pas celui d'un ennemi vaincu. Nokama essayait de décider de la suite des choses quand elle entendit un son qui lui fit grand plaisir : du protodermis liquide s'écoulait goutte à goutte d'une petite fissure dans le mur. La fissure était tout près, à sa gauche, mais le Rahkshi noir et blanc se tenait entre elle et la flaque qui se formait peu à peu.

En plein là où je voulais qu'il soit, pensa-t-elle.

— Après ce que je viens d'affronter là-haut, je ne pense pas que ça vaille la peine de gaspiller mes pouvoirs Toa sur vous trois. Oh, vous arrivez peut-être à effrayer tous les petits Rahi qui rôdent par ici, mais là-haut, nous nous moquons bien des bestioles comme vous.

Nokama continuait à parler pour distraire les Rahkshi de ce à quoi elle s'employait au même moment : concentrer son pouvoir pour attirer jusqu'à elle un filet du protodermis liquide qui s'écoulait de la fissure. Comme elle l'avait espéré, le protodermis passa exactement sous les pattes du Rahkshi noir et blanc.

— En fait, vous avez de la chance d'avoir rencontré la Toa de l'eau, dit-elle d'un air moqueur. Vakama ou Nuju, eux, auraient pu vous faire vraiment mal.

La petite coulée de liquide l'avait presque rejointe. Le Rahkshi noir et blanc fixait son attention sur Nokama et n'avait pas du tout remarqué ce qu'elle avait fait. Le moment était venu de vérifier si son plan allait fonctionner.

Elle planta son regard dans celui du Rahkshi argent.

— J'en ai assez de tout ça, gronda-t-elle. Ôte-toi de mon chemin.

Aussitôt, elle se jeta en avant comme si elle allait bondir.

Le Rahkshi réagit en envoyant une série de décharges de foudre, mais Nokama n'allait pas rester là à les attendre. Au lieu de bondir, elle roula sur sa gauche. La foudre frappa l'endroit où elle se tenait l'instant d'avant, touchant le filet de protodermis, qui servit de conducteur au courant. La décharge frappa le Rahkshi noir et blanc de plein fouet et le projeta en l'air.

Nokama fit pivoter ses lames hydro avec force et fendit le mur à l'endroit où se trouvait la fissure. Le protodermis liquide jaillit du trou et se mit rapidement à envahir la caverne. Les cuirasses de la face des Rahkshi s'ouvrirent pour révéler chacune un kraata très perturbé qui criait sa rage.

C'est alors que Nokama remarqua un bénéfice imprévu de l'inondation. Quelques mètres à la droite du Rahkshi bleu et beige, le liquide faisait des remous. C'était donc là que se tenait la vraie créature, à bonne distance de l'illusion qu'elle projetait. Nokama rassembla son énergie et envoya un petit raz-de-marée vers l'endroit. Quand la vague heurta sa cible, l'image du

Rahkshi se dissipa et le vrai Rahkshi apparut, renversé et inerte.

Un Rahkshi hors de combat, un autre assommé, se dit-elle. *Il n'en reste plus qu'un.*

Elle avait espéré que le Rahkshi argent s'enfuirait, mais elle n'avait réussi qu'à le faire enrager davantage. Il semblait cependant plus prudent. Ayant vu ce qui était arrivé à son semblable, il n'allait pas envoyer des décharges de foudre à la ronde. Il avança donc vers Nokama, toutes griffes dehors, traversant le liquide qui lui arrivait maintenant à la taille.

La Toa de l'eau approuva de la tête. Le mieux qu'elle pouvait espérer faire, c'était de réussir à ralentir ces créatures, afin de gagner du temps pour s'échapper. Jusqu'à présent, elle avait eu de la chance. Mais le Rahkshi argent savait maintenant à qui il avait affaire et connaissait ses mouvements.

Tous, sauf un, se rappela-t-elle.

Sans prévenir, elle plongea sous la surface du protodermis et fonça vers le Rahkshi. Au dernier moment, elle vira et commença à nager en cercle autour de lui à une vitesse folle. Quand la créature comprit ce qui se passait, il était déjà trop tard. Le Rahkshi était pris au centre d'un puissant tourbillon qui allait en s'élevant vers le plafond.

Nokama continua à nager, de plus en plus vite, jusqu'à ce qu'elle entende le craquement sec de l'armure du Rahkshi s'écrasant contre la pierre tout là-haut. Alors, elle cessa abruptement de nager et laissa le tourbillon se dissiper. Le Rahkshi tomba dans le liquide et flotta à la surface, étendu sur le dos. Sa cuirasse était ouverte et le kraata à l'allure de limace qui se trouvait à l'intérieur essayait de sauver sa peau.

Nokama décida qu'il n'y aurait jamais meilleur moment pour prendre la fuite.

Elle retrouva Vakama, Matau et Onewa assez facilement. Tous les trois étaient inconscients, mais sains et saufs, cachés dans des alcôves en attendant que les Rahkshi décident quoi faire avec eux. Les trois revinrent bientôt à eux. Le cas de Nuju était plus complexe. Le Toa de la glace était entouré d'une espèce de champ électro-magnétique qui ne pouvait pas être traversé. Sa lumière de vie clignotait et ses yeux étaient ouverts, mais il ne semblait pas se rendre compte de ce qui se déroulait autour de lui.

— Tu sais, je crois que je l'aime mieux ainsi, commenta Onewa.

— D'accord, mais es-tu prêt à le transporter-promener partout? demanda Matau. Moi, non.

Vakama essaya une nouvelle fois de pénétrer le champ. Cette fois, le choc fut si violent qu'il en échappa son lanceur de disques. Onewa se pencha pour le ramasser.

— Tiens, cracheur de feu. Je sais que tu te sentirais perdu sans lui, dit le Toa de la pierre.

Matau sourit, mais son sourire fut rapidement remplacé par une expression de grande excitation. Il fonça vers l'endroit où se tenaient les deux autres Toa Metru en criant :

— Le lanceur de disques! Voilà la solution-clé à notre problème!

Onewa regarda Matau comme s'il avait perdu la tête, surtout quand celui-ci se mit à chercher parmi les disques de Vakama celui qui conviendrait. Tout à coup, il en brandit un et s'exclama :

— Ah! Je l'ai trouvé!

Matau avait choisi un disque de téléportation. Le Toa du feu commença à comprendre où son compagnon voulait en venir et cela le fit pencher du côté d'Onewa : Matau devait être devenu fou.

— Vous comprenez? Nuju est à l'intérieur du champ, mais il n'en fait pas partie. Alors, si tu projettes-envoies un disque de téléportation sur le champ…

— Et si tu te trompes, le pauvre Nuju se retrouve Mata Nui sait où, coupa Onewa. C'est trop dangereux.

Vakama prit le disque des mains de Matau.

— Mais nous allons quand même essayer, dit-il en l'insérant dans son lanceur. Nous n'avons pas le choix. Nos seules options sont soit de le laisser ici, soit d'espérer retrouver ceux qui l'ont mis dans cet état et les forcer à le sortir de là.

— C'est facile à dire pour toi, fabricant de masques, grommela Onewa. Ce n'est pas toi qui es pris là-dedans.

— Si le plan de Matau échoue, Nuju ne se retrouvera pas en pire situation qu'il l'est en ce moment, intervint Nokama. Il sera juste en mauvaise situation… ailleurs.

Vakama prit son lanceur.

— Pousse-toi, Onewa, dit-il.

— Écoute, tu ne vas pas me dire que…

Nokama posa sa main sur le bras d'Onewa et le guida doucement vers le côté.

— S'il te plaît. Chaque minute que nous perdons ici pourrait faire courir de plus graves dangers à Whenua.

Vakama prit une grande respiration. Le problème n'était pas d'atteindre la cible, mais de savoir quel effet le disque aurait. Si Nuju disparaissait en même temps que le champ, les autres Toa pourraient bien ne jamais le revoir.

De toute façon, Nuju dit toujours que nous ne nous soucions pas assez des conséquences de nos gestes, se dit Vakama. *C'est maintenant que nous allons voir s'il a raison.*

Le disque sortit du lanceur et alla frapper le champ

électro-magnétique. Il y eut un vif éclair de lumière, aveuglant pour les Toa qui avaient passé tant de temps dans une quasi-obscurité. Puis Matau se rua en avant pour attraper Nuju qui s'écroulait.

— Ça a marché! cria le Toa de l'air. Vous avez devant vous le plus brillant de tous les héros Toa!

— Est-ce que Nuju va bien? demanda Nokama. Est-il blessé?

Le Toa de la glace leva les yeux et regarda les autres Toa Metru.

— Que faisons-nous à traîner ici? demanda-t-il. Nous devons trouver la Krahka si nous voulons sortir un jour de ce trou infect. Quand je pense que des Matoran veulent passer du temps sous terre, ça me dépasse.

— Il est en pleine forme-santé! annonça Matau.

Nokama prit la tête pendant qu'ils pénétraient plus profondément dans les tunnels. Elle avançait en se fiant uniquement à son instinct. Il n'y avait aucune raison logique qui permette de croire que Whenua se trouvait quelque part dans le labyrinthe de tunnels derrière eux, inconscient ou même pire. Quelque chose lui disait que la Krahka n'aurait pas laissé le Toa là où les autres pourraient le trouver.

Si je ne me trompe pas, la Krahka connaissait déjà les vrais pouvoirs des Toa quand elle a rencontré Whenua, se dit Nokama. *Et elle se doutait que les Rahkshi ne seraient peut-être pas en mesure de nous éliminer. Je crois que Whenua constitue sa meilleure protection contre nous.*

Rien de tout cela ne l'aidait à deviner quel chemin la Krahka avait emprunté. Confrontée à plusieurs choix, Nokama opta pour le tunnel le plus étroit et le plus périlleux. Après tout, cela avait du sens, étant donné que rien n'avait été facile depuis le début de cette aventure.

Évidemment, il était inévitable qu'un des Toa finisse par poser la question. Ce fut Onewa qui le fit :

— Nokama, sais-tu au moins où nous allons?

— Non. Je ne connais pas ces tunnels, alors je ne fais que deviner. Je ne suis pas Whenua.

— Ne t'en fais pas, dit Matau. Après tout, il s'est avéré que Whenua n'était pas Whenua non plus.

— Suis-je le seul à avoir chaud? demanda Nuju.

Vakama étendit le bras pour toucher l'un des conduits qui couraient au plafond. Il était bouillant.

— Nous devons nous trouver en dessous de Ta-Metru. Ces conduits contiennent du protodermis en fusion. Faites attention : même notre armure Toa ne nous protège pas d'une telle chaleur.

— Y a-t-il autre chose dont nous devrions nous méfier? questionna Onewa.

Vakama désigna une demi-douzaine de longues formes noires qui se détachaient des conduits autour desquels elles avaient été enroulées.

— Oh, seulement ça, dit-il.

Nokama recula si soudainement qu'elle heurta Matau qui venait derrière.

— C'est quoi ces… trucs?

L'une des créatures en forme de serpent tomba sur le sol. La pierre sous elle grésilla, dégageant de la vapeur.

— Des anguilles de lave, répondit Vakama. Il arrive que des Matoran en trouvent de petits spécimens près des forges et qu'ils les rapportent à la maison. Bien vite, les anguilles deviennent trop grosses et causent des dégâts, alors les Matoran s'en débarrassent. Certaines d'entre elles se cachent près des fourneaux, d'autres dans les centres de réclamation… et d'autres aboutissent ici.

— Quel genre de dégâts causent-elles? demanda Nuju.

Vakama se pencha et lança une poignée de cailloux vers l'une des anguilles. Dès que les petites pierres la touchèrent, elles furent réduites en cendres.

— Je parie que leurs propriétaires ne les câlinent pas beaucoup, dit le Toa de la glace.

S'approchant, les anguilles de lave commencèrent à se déployer, laissant des traces de brûlure partout où elles passaient. D'autres anguilles apparurent derrière les Toa, visiblement curieuses à la vue de ces visiteurs. Bientôt, les Toa furent encerclés.

— C'est mauvais signe? demanda Nokama. Et si oui, à quel point?

Vakama secoua la tête.

— Nous ne risquons rien tant que nous ne faisons aucun mouvement brusque. Les anguilles de lave ne sont pas des créatures hostiles en soi. Tant que rien ne les fera s'agiter, nous serons capables de...

Un grondement secoua le tunnel et enterra le reste de la phrase du Toa du feu. Il était impossible de savoir d'où provenait le bruit exactement, mais son effet se fit sentir aussitôt. Les anguilles commencèrent à émettre des sifflements et à se tortiller, la température de leurs corps augmentant rapidement. Presque trop tard, Onewa comprit ce qui allait se passer.

— Sautez! cria-t-il.

Les cinq Toa Metru bondirent et s'agrippèrent aux conduits pendant que le plancher du tunnel s'effondrait sous eux. Les Toa n'étaient pas convaincus d'avoir échappé au pire, puisque s'accrocher aux conduits relevait presque de l'impossible, tant la chaleur qui émanait d'eux était puissante.

— Elles ont carrément fait fondre la pierre! dit Onewa en contemplant le trou noir qui s'ouvrait sous ses pieds. Elles ont été très effrayées par la chose qui a produit ce grondement.

Un autre grondement se fit entendre. Il était si fort qu'il fit trembler les conduits et qu'il convainquit les anguilles de se mettre à l'abri. Les Toa pouvaient maintenant voir que le son émanait d'une silhouette immense et sombre au fond du trou.

— Je crois que nous venons de trouver-découvrir la « chose ». Quelqu'un sait de quoi il s'agit? demanda Matau.

— Je ne pensais pas qu'une créature quelconque vivait sous les tunnels de maintenance, dit Nokama.

La sombre bête poussa un autre grondement.

— Nous savons maintenant pourquoi, répliqua Onewa. À moins de vouloir voir notre ami de plus près, nous ferions mieux de décamper.

Un à un, les Toa se mirent à se balancer d'en avant en arrière. Suspendus aux conduits bouillants, ils souffraient à chaque mouvement. Lorsqu'ils eurent pris assez d'élan, ils s'élancèrent au-dessus du trou pour atterrir sur le sol de pierre devant eux. Leurs atterrissages ne furent pas des plus doux, mais les Toa étaient contents de s'être éloignés des conduits de protodermis et de ce gigantesque Rahi en furie.

— Personne n'est blessé? demanda Vakama.

— Meurtri, brûlé et amoché, rapporta Matau avec le sourire. Bon, quelle est notre prochaine mission de héros Toa?

— Je me dis parfois que tu aimes un peu trop cet emploi, grommela Onewa.

— Nous sauvons-aidons les Matoran, dit Matau en riant. Nous combattons le mal. Nous explorons des lieux aussi étranges que celui-ci. Un peu d'inconfort n'est rien à côté de tout ça.

Nokama sourit et secoua la tête. À certains moments, Matau ne semblait pas être la pierre de lumière la plus brillante du tunnel, mais à d'autres, il avait vraiment le don de trouver les mots qu'il faisait bon entendre. Et bien sûr, il avait raison : malgré tous les problèmes et tous les dangers, les Toa vivaient des aventures qu'ils n'oublieraient jamais.

Un jour, nous nous rappellerons ces images avec émerveillement, pensa-t-elle. *Nous partagerons nos récits, et tout Metru Nui sera étonné d'entendre ce qui s'est déroulé ici. Je me demande de quelle façon les Matoran vont nous regarder? Se souviendront-ils seulement des Toa Metru?*

La voix de Vakama interrompit ses pensées.

— Nokama, nous devons continuer. La vie de Whenua en dépend.

Oui, se dit Nokama en se levant. *Le moment est venu d'écrire une autre aventure des Toa.*

Nuju se porta volontaire pour ouvrir le chemin. Nokama et Matau étaient d'avis que tous les Toa devraient rester ensemble, mais le Toa de la glace avait besoin d'être seul. Il avait eu peu de temps libre pour songer à tous les changements survenus dans sa vie récemment. La pensée qu'il ne serait plus un prophète de Ko-Metru, mais bien un gardien de tout le metru était plutôt… troublante. Il avait pensé que les autres Toa et lui redeviendraient des Matoran, une fois la Morbuzakh vaincue.

Maintenant, bien sûr, il savait que ce n'était pas le cas. Les Toa demeuraient des Toa tant qu'ils n'avaient pas accompli leur destinée. Nuju se demandait s'il aurait encore la chance d'étudier calmement un jour ou si sa vie ne serait plus faite que de plantes cinglées, de Rahi géants et de sauvetages de Whenua.

Il ralentit le pas à l'approche d'un virage dans le tunnel. De la lumière jaillissait de quelque part devant, là où il n'aurait pas dû y en avoir. Nuju s'approcha du coin du mur et risqua un œil de l'autre côté.

Il vit, plus loin, une grande pièce, au centre de laquelle trônait un large bassin rempli de protodermis en fusion. Il ne semblait y avoir personne dans la pièce. De temps à autre, un Rahkshi s'y aventurait, mais chaque fois, la bête en ressortait aussitôt. Nuju se dit qu'il devait y avoir une sortie à l'arrière, probablement un autre tunnel.

Il attendit que la pièce soit totalement vide avant de s'approcher davantage. Des pierres de lumière ornaient les murs, mais il ne semblait pas y avoir d'autres traces d'occupation.

Peut-être une créature a-t-elle déjà vécu ici, mais elle a quitté les lieux depuis, pensa-t-il.

— Nuju! Ici, en haut!

Surpris, le Toa de la glace regarda en l'air. Whenua était là, retenu au plafond par une espèce de toile, juste au-dessus du bassin. Il était si bien ligoté que seule sa tête pouvait bouger.

— C'est vraiment toi? demanda Whenua.

— Mais bien sûr que c'est... commença Nuju sèchement.

Puis il se rappela à quel genre d'ennemi les Toa Metru avaient affaire. Quand il reprit la parole, ce fut sur un ton plus doux.

— Oui, Whenua, c'est bien moi. Les autres ne sont pas loin derrière. Est-ce que tu vas bien?

— Je suis suspendu ici depuis longtemps à essayer de me souvenir si un Toa a déjà trouvé la mort en cuisant, collé au plafond, répondit Whenua. Mais je ne le crois pas. En tant qu'archiviste, je suis très excité de cette découverte, mais en tant que Toa Metru, je ne suis pas enchanté à l'idée que mon nom sera mentionné dans les Chroniques pour ce malheureux exploit.

— Ça ne se produira pas. Nous allons trouver un moyen de te descendre de là. Mais que t'est-il arrivé?

— La Krahka, sous l'apparence d'Onewa, m'a pris par surprise, raconta Whenua. Quand je me suis réveillé, elle avait une autre apparence – quelque chose d'horrible – et j'étais ligoté ainsi. Où as-tu dit que les autres se trouvaient?

— Nous sommes ici, dit Nokama en regardant la scène depuis l'entrée de la caverne. Nous avons peu de temps devant nous. Nuju, surveille l'autre sortie.

Le Toa de la glace se retourna pour obéir à Nokama. Whenua lança un cri d'avertissement, mais trop tard. Et trop tard aussi, Nuju fit volte-face pour s'apercevoir que « Nokama » était devenue « Onewa » et que de la pierre émergeait maintenant du sol de la caverne pour l'envelopper. En un instant, Nuju fut prisonnier d'un cocon de roc.

— Vous, les Toa, êtes si crédules, siffla la Krahka. Cela va causer votre perte un de ces jours.

Nokama était de plus en plus inquiète. Nuju était parti depuis longtemps et il n'était pas revenu leur faire rapport de ce qu'il avait trouvé. Avec tous les dangers insoupçonnés qu'il y avait par ici, le Toa de la glace pouvait bien se trouver en aussi mauvaise position que Whenua.

C'est vrai qu'il est plus heureux quand il est seul, se souvint-elle.

Les Ko-Matoran n'avaient jamais aimé les foules.

Vakama aperçut la mine songeuse de Nokama et en devina la cause. Il était lui-même troublé par la même chose, mais pour des raisons différentes.

— Nuju? demanda-t-il.

— Oui, dit Nokama. Nous n'aurions pas dû le laisser aller seul devant. Nous aurions dû insister pour rester tous ensemble.

— Crois-tu vraiment qu'il nous aurait obéi? demanda Vakama. Et puis, il reviendra. J'en suis sûr. Nous devons nous préparer en conséquence.

— Que veux-tu dire? demanda Nokama.

— Va chercher Onewa et Matau. Nous avons pas mal de choses à discuter et peu de temps pour le faire.

Comme Vakama l'avait prédit, Nuju reparut peu de temps après.

— Je croyais que vous seriez rendus plus loin, dit-il.

— Nous attendions de tes nouvelles, répondit Vakama. Qu'as-tu vu?

— Rien d'autre que des tunnels et encore des tunnels. À un certain moment, j'ai cru voir de la lumière dans une galerie secondaire, mais ensuite, elle a disparu. Probablement un Rahi lumineux.

— Probablement, dit Vakama. Nous avons décidé, quant à nous, de nous arrêter un peu ici en attendant l'arrivée des secours.

— Des secours? demanda Nuju. Quels secours? Et où est Matau?

Nokama secoua la tête et dit :

— Pendant que tu étais parti, nous avons réalisé que cet endroit était beaucoup trop vaste pour nous. Nous ne trouverons jamais Whenua en le cherchant de cette façon. Alors, Matau a proposé de retourner à la surface et de revenir avec six brigades de Vahki. Ils vont démanteler le réseau de tunnels, pierre par pierre. Tu sais que ceux-là, rien ne leur échappe.

— Non, bien sûr que non, dit Nuju à voix basse. Est-il parti depuis longtemps?

— Non, répondit Onewa, mais il avance vite.

Nuju fit demi-tour et commença à s'éloigner. Vakama le retint par l'épaule.

— Où vas-tu?

— Matau n'inspire pas beaucoup confiance, répliqua le Toa de la glace. Les Vahki ne l'écouteront peut-être pas. Je vais l'accompagner et, ensemble, nous allons...

— Ça ne m'étonne pas de toi, dit Nokama. Après tout, tu es celui qui vante constamment les vertus du travail d'équipe, qui dit que les Toa Metru devraient toujours rester ensemble et que c'est de la folie que de laisser l'un de nous s'éloigner seul.

— Exactement, approuva Nuju. Je serai de retour quand j'aurai trouvé Matau et que nous aurons complété notre mission.

Cette fois, Vakama laissa Nuju faire quelques pas. Soudain, Matau tomba du plafond, atterrissant droit sur le Toa de la glace, étonné.

— Pas de panique! s'exclama-t-il. Je suis ici. Tout comme toi, Krahka.

Matau écrasa la Krahka au sol. Celle-ci grogna et se tortilla, mais le Toa de l'air ne lâcha pas prise.

Finalement, la créature abandonna la lutte et regarda simplement ses ravisseurs avec un mélange de colère et de respect dans les yeux.

— Très malin, dit la Krahka. Et moi qui disais tantôt à quel point vous étiez crédules.

— Il y a une différence entre être crédule et être stupide, répliqua Vakama. Nous nous doutions que tu tenterais de nous décevoir une fois de plus; alors nous avons mis au point notre propre piège. À propos, Nuju préférerait nettoyer des stalles de crabes Ussal plutôt que de faire un long trajet en compagnie de Matau.

Le Toa de l'air remit la Krahka debout.

— C'est vrai, dit-il. Tu as sous-estimé à quel point Nuju supporte mal d'être avec...

Matau s'interrompit quand il réalisa ce qu'il était en train de dire.

— Maintenant, tu vas nous mener à Whenua et à Nuju, ordonna Onewa à leur prisonnier. Pas de tours de passe-passe. Pas de transformations.

La Krahka ne répondit pas, mais le masque qu'elle portait afficha un sourire. Soudain, son corps tout entier commença à scintiller et à pâlir. Pour la première fois, les Toa la virent se transformer. En un instant, « Nuju » avait disparu et il était remplacé par une monstrueuse anguille de lave. Matau bondit en arrière en poussant un cri au contact de la peau brûlante de la créature.

De nouveau libre, la Krahka se glissa rapidement dans un tunnel, laissant derrière elle une trace brûlante et fumante.

— Mata Nui, murmura Nokama. Comment peut-on faire pour arrêter quelque chose qui peut faire ça?

— Je l'ignore, dit Vakama, mais par égard pour Whenua et Nuju, nous aurions intérêt à trouver un moyen.

Les quatre Toa Metru suivirent la trace de la Krahka-anguille sur une bonne distance, jusqu'à ce qu'elle disparaisse soudainement. Visiblement lasse de cette apparence, la Krahka s'était transformée en quelque chose qui ne laissait pas de trace.

— Comment allons-nous la trouver maintenant? demanda Vakama, irrité.

— Peut-être en ne la cherchant-traquant pas, dit Matau. C'est logique, non?

— Oui, ce l'est, répondit Onewa en souriant. Si nous trouvons une façon de sortir des Archives…

— …elle devra faire quelque chose pour nous en empêcher, conclut Nokama. Vous avez vu comment elle a réagi à l'idée de voir des Vahki par ici. Elle ne peut pas se permettre de nous laisser partir. Mais comment trouve-t-on une trappe d'accès dans ce labyrinthe?

— On ne la trouve pas, dit Onewa. On l'invente. Et on fait beaucoup de bruit en la construisant.

Ayant trouvé un endroit où le plafond était assez bas, les Toa se mirent au travail. Vakama utilisa un peu de son pouvoir faiblissant pour ramollir la pierre, puis les trois autres se servirent de leurs outils. Le travail avançait lentement et il n'y avait aucun moyen de savoir combien de mètres de roc les séparaient des Archives. De toute façon, aucun d'entre eux ne comptait vraiment terminer cet ouvrage.

Vakama fut le premier à remarquer quelque chose de bizarre. Du coin de l'œil, il crut voir bouger une ombre et se retourna pour mieux voir. Ce n'était pas une ombre, mais une longue volute de fumée noire qui serpentait dans le tunnel. Elle fut bientôt suivie d'une autre, puis d'une autre, et ainsi de suite jusqu'à ce qu'une espèce de bête sombre à tentacules flottât en l'air.

— Elle est là, dit-il tout bas aux autres.

Ils continuèrent de travailler comme s'ils n'avaient rien vu. C'était une stratégie dangereuse. Si la Krahka était venue les vaincre une fois pour toutes, ce serait une erreur colossale de lui permettre d'attaquer la première. Mais si son intention était plutôt de les ramener dans son repaire où se trouvaient déjà Whenua et Nuju, alors, le jeu en valait la chandelle.

Se déplaçant à la vitesse d'un essaim d'insectes Nui-Rama en colère, les volutes vinrent s'enrouler autour des Toa. Chacun était enveloppé de fumée noire, capable de respirer, mais pas de voir, d'entendre ou de bouger. Une sensation d'apesanteur les envahit quand la Krahka souleva les Toa en l'air et les fit flotter à travers les tunnels.

Si elle avait pu le faire, la Krahka aurait souri devant une victoire aussi facile. Mais les monstres de fumée n'ont pas de bouche pour sourire, et la célébration de sa victoire devrait donc attendre la prochaine transformation. Cette pensée ne l'inquiéta pas. Après tout, maintenant que les Toa Metru étaient ses prisonniers, elle avait tout son temps.

On ne peut pas en dire autant des Toa, ricana-t-elle en elle-même.

10

Les Toa Metru furent jetés sur le sol de pierre froid, comme de vulgaires masques abîmés. Regardant autour d'eux, ils comprirent qu'ils se trouvaient dans la pièce où Whenua et Nuju étaient gardés prisonniers. La créature de fumée avait disparu, remplacée par une copie de Nokama.

— Je n'aime pas me retrouver dans ces corps, dit la Krahka, mais les Rahkshi sont incapables de parler votre langue et je crois qu'il est juste pour vous de connaître le sort qui vous attend.

— Mais pourquoi devons-nous être des ennemis? demanda Vakama. Nous sommes venus ici seulement pour…

— Vous êtes venus ici pour envahir mon territoire! coupa la Krahka. Comme tous les autres habitants d'en haut, avec vos marteaux-piqueurs, vos outils grinçants et votre feu. Maintenant, je sais que tant qu'il y aura des habitants là-haut, je n'aurai pas la paix ici.

Le bras droit de Nokama-Krahka se changea tout à coup en un long membre recouvert d'écailles de cuir et pourvu de vilaines griffes.

— Avez-vous déjà vu la créature à qui appartient ce membre? Non, bien sûr que non. Ce Rahi produit un cristal vivant pour faire son nid, un cristal qui se régénère lorsqu'il est abîmé. Dans un moment, je vais utiliser ce cristal pour sceller les sorties de cette caverne.

Puis, toujours en utilisant la douce voix de Nokama, la Krahka ajouta :

— Vous resterez ici à jamais tous les six.

— Il y a une cité entière là-haut, dit Onewa. Des milliers de Matoran. Six Toa de plus ou de moins ne vont pas les empêcher de descendre par ici.

— Mais je *veux* qu'ils viennent, siffla la Krahka. Je veux qu'ils viennent tous. Oh, j'ai d'abord pensé utiliser votre apparence pour les éloigner, mais je réalise maintenant que c'est une idée ridicule. Je suis bien mieux de les attirer tous sous terre... et de les emprisonner ici. Ainsi, je pourrai faire de la cité là-haut mon nouveau territoire.

Le corps de la Krahka se mit à se transformer en un énorme Rahi hideux. Juste avant de troquer la tête de Nokama pour celle de la créature, elle dit :

— Vous ne pouvez pas m'arrêter. J'ai tous vos pouvoirs, toutes vos capacités. Acceptez votre défaite,

Toa Metru.

Une fois complètement transformée, la Krahka s'éloigna pour commencer à sceller la sortie principale. Nokama se tourna vers Onewa.

— Elle a raison, murmura-t-elle. Elle possède nos pouvoirs à leur puissance maximale, alors que nos énergies sont au plus bas.

— J'ai peut-être une idée, mais nous devrons tous nous y mettre pour que ça fonctionne, dit le Toa de la pierre. Au moment opportun, je pourrai libérer Nuju, mais comment faire pour Whenua?

Matau désigna l'endroit où le Toa de la terre était retenu prisonnier et dit :

— Je crois qu'il est en train de régler-résoudre le problème lui-même. Regardez.

Tout là-haut, Whenua continuait à tirer sur ses liens comme il le faisait depuis un bon moment. Ses efforts, combinés à l'intense chaleur émanant du bassin de protodermis, avaient affaibli les liens à tel point qu'ils commençaient à se détacher du plafond. Bientôt, ils ne supporteraient plus le poids du Toa. Évidemment, le mauvais côté de ce plan était qu'une fois sa liberté regagnée, Whenua allait plonger tout droit dans le protodermis en fusion.

— Il te reste des disques? demanda Onewa au Toa

du feu.

— Un seul. Je ne sais pas ce qu'il peut faire de bon contre un transmutateur.

— Quand Whenua tombera, lance-le, dit Onewa. Matau?

Le Toa de l'air avait déjà déployé ses outils. À son signal mental, ils l'emporteraient en l'air. Il gesticula vers le haut, en travers et vers le bas pour expliquer son plan à Onewa.

— Tes lames hydro peuvent-elles fendre le roc? demanda Vakama à Nokama.

— Tu vas voir. Je suis prête.

Whenua avait dénoué ses liens suffisamment pour permettre à ses pieds de prendre appui contre le plafond. Il donna un dernier coup et réussit à se libérer. Dès qu'il aperçut le Toa de la terre en chute libre, Matau fonça en l'air.

Vakama inséra son disque et le projeta en un seul mouvement souple. Le disque frappa la Krahka et libéra son pouvoir de reconstitution aléatoire. La bête hurla de rage quand elle vit son corps subir de multiples transformations simultanément, ses bras et ses jambes changeant de forme à un rythme effréné.

Onewa et Nokama se déplacèrent si vite qu'on aurait dit qu'ils avaient été éjectés d'un lanceur. Ils sautèrent par-dessus le bassin de protodermis et s'attaquèrent au cocon de pierre de Nuju. Onewa fit bon usage de sa grande connaissance de la pierre en trouvant les points faibles où enfoncer ses proto-pitons. Le bloc de pierre se fendit au milieu et se sépara, libérant le Toa de la glace.

Tout là-haut, Matau avait attrapé Whenua avant qu'il tombe trop bas. Plutôt que de lutter pour rester en l'air tout en transportant un poids supplémentaire, le Toa de l'air choisit de faire un piqué en direction de la Krahka. Le Rahi vit venir le danger et utilisa le pouvoir de Vakama pour déployer un mur de feu sur leur chemin.

Le Toa du feu ne prit pas le temps de réfléchir et passa aussitôt à l'action. Il étendit les bras et aspira le feu en lui. S'il échouait, c'en était fini de Whenua et de Matau.

De l'autre côté de la pièce, Nokama, Onewa et Nuju le regardaient, impuissants, sachant qu'ils ne pouvaient rien faire pour l'aider. Matau et Whenua étaient à un cheveu de plonger dans les flammes.

Vakama ne sut jamais où il puisa le courage de réaliser un tel exploit. Les flammes se mirent à tourbillonner comme un cyclone et à traverser la pièce pour disparaître à l'intérieur du Toa du feu. Tout scintillant d'énergie, il les relâcha derrière la Krahka, ne laissant que des décombres là où il y avait eu un mur.

— Essaie de sceller ça, maintenant! cria-t-il.

Ébranlée par l'écroulement du mur, la Krahka ne parvint pas à s'éloigner à temps de la trajectoire des Toa, mais elle se transforma instinctivement en une créature gélatineuse que Whenua et Matau traversèrent avant de s'écraser lourdement au sol. La Krahka se transforma de nouveau, cette fois en un Rahkshi violet, puis poussa un grand cri.

Le cri était d'une telle puissance qu'il fit tomber les Toa par terre. Vakama, épuisé par les efforts qu'il venait de déployer pour avaler le mur de flammes, fut balayé sur la moitié de la pièce. Matau et Whenua tentèrent de se mettre debout, mais un second hurlement les envoya voler contre le mur.

La Krahka changea encore de forme, empruntant, cette fois, les traits de Vakama. Cependant, la créature montrait de plus en plus de signes de fatigue.

— Vous ne savez... pas du tout... à qui vous avez affaire, dit-elle. Il y a des choses par ici... des choses que j'ai vues... qui anéantissent vos pouvoirs. Si je deviens l'une d'elles... je pourrai vous éliminer tous d'un seul souffle et ensuite détruire votre cité.

En voyant la Krahka utiliser son apparence et en

entendant les mots qui sortaient de « sa » bouche, Vakama sentit tout à coup la rage supplanter sa fatigue. Il se leva et, traversant la pièce à grands pas, se dirigea droit vers la Krahka en criant :

— Alors, fais-le! Montre-nous ton pouvoir, si tu en es capable!

— Vakama... commença Nokama en s'avançant.

Nuju lui barra la route.

— Laisse-le parler, dit-il. Pendant que l'attention de la Krahka est sur Vakama, nous pouvons aider Matau et Whenua. Ensuite, nous unirons nos forces.

— Et on sait combien tu aimes ça, dit Onewa à Nuju, sourire en coin.

— C'est parfois une bonne chose, dit le Toa de la glace pour toute réponse.

Vakama n'avait pas ralenti le pas. Le voyant s'approcher, la Krahka recula d'un pas et dit :

— Tu crois que tu peux résister à mes pouvoirs? Tu es ridicule, Toa du feu!

— Et toi, tu es une voleuse! lança Vakama. Pas une conquérante, tout juste un être pathétique qui survit en volant la puissance des autres parce qu'il n'en a pas lui-même. Peut-être que ton but initial était seulement de protéger ton territoire, Krahka, mais te voilà devenue un monstre!

Les autres Toa avaient d'abord pensé que Vakama essayait simplement de distraire la Krahka, mais quand ils s'approchèrent d'eux dans le but d'encercler la créature, ils s'aperçurent que le Toa n'avait même pas remarqué leur présence. Toute son attention et sa colère étaient dirigées vers la créature, et elle de même.

La Krahka cria quelque chose dans une langue que personne n'avait jamais entendue, puis elle projeta des jets de feu et de glace sur Vakama. Curieusement, celui-ci n'essaya même pas de s'en protéger. On aurait dit que les émotions qu'il ressentait lui servaient de bouclier contre les pouvoirs de la créature.

— Tu peux nous anéantir tous, dit-il. Tu peux écraser tous les Matoran et tous les Vahki de Metru Nui. Mais tu ne le feras pas sous les traits d'un Toa. Tu ne vas pas salir ce qui fait la fierté d'un Toa, ou de quelqu'un qui s'est sacrifié pour sauver notre cité. Ça, jamais!

En regardant autour d'elle, la Krahka remarqua finalement les cinq autres Toa qui s'approchaient. Elle ne montra ni peur ni hésitation. Au lieu de cela, elle éclata de rire.

— Pas sous les traits d'un Toa? dit-elle. Très bien...

Commença alors la plus incroyable de toutes les

transformations. Sous les yeux horrifiés des Toa Metru, la Krahka augmenta sa taille et devint un véritable cauchemar ambulant. Elle n'était plus Vakama, ni l'un ou l'autre des Toa : elle était maintenant une effroyable combinaison d'eux six, et elle les dominait tous.

Le visage redoutable de la Krahka leur sourit, puis la créature se mit à agiter lentement ses six bras, s'habituant à sa nouvelle apparence.

— Que pensez-vous de ça, mes petits? dit-elle d'une voix qui mêlait celles de tous les Toa Metru.

— Archiviste, dit Onewa, voilà un beau spécimen pour les Archives.

— Je ne crois pas qu'on ait de la place, répliqua Whenua. À part s'enfuir, quelqu'un a une bonne idée?

— Dispersons-nous, dit Vakama. Ne lui facilitons pas la tâche.

— Allons-nous tenter de nous échapper? demanda Whenua.

— Non, répondit Nuju en déployant ses pointes de cristal. Nous lui réglons son cas une fois pour toutes.

— Ah! dit Matau, ses lames aéro-tranchantes bien en main. Ça tombe bien, je n'avais rien d'autre sur le programme aujourd'hui.

La Krahka les regarda avec amusement prendre position autour d'elle. Avec sa nouvelle apparence multiple, elle remplissait les Toa de dégoût à chacun de ses mouvements. Nokama fut la première à faire un pas en sa direction.

— Attention, Toa de l'eau, grogna la Krahka. Même toi, tu ne peux pas supporter la chaleur des flammes de Vakama.

— Non, je ne peux pas, reconnut Nokama. Et toi, peux-tu? Tu es allée trop loin, Krahka, et je crois que tu en es consciente. Puisque tu as nos pouvoirs, as-tu notre sagesse aussi? Ceci doit-il absolument se terminer en combat?

— Oui! Vous devez mourir! Les fabricants de masques doivent être chassés de la Carrière aux sculptures. Les cristaux du savoir ne doivent pas voler dans les toboggans. Et… et les spécimens… ils doivent être purifiés… et conservés… afin que les canaux puissent couler…

La Krahka vacilla. Des images et des connaissances issues de six sources différentes inondaient son esprit. Pendant un moment, on aurait dit que cela était trop pour elle. Nokama eut alors la certitude que la victoire était à portée de la main. Mais la volonté de la Krahka était trop forte et elle se ressaisit.

— Vous auriez pu vivre toute votre vie ici, à l'abri du mal! lança-t-elle en levant ses six bras. Mais maintenant...

Les Toa Metru savaient ce qui les attendait. Leur seule chance de s'en sortir était d'agir avec rapidité. D'un seul mouvement, les six héros de Metru Nui passèrent à l'attaque.

Une force brutale émana de la Krahka. Des jets de glace et de feu, des tempêtes de terre et de pierre, des tourbillons d'eau et de vent s'abattirent sur les Toa. Ils luttèrent pour gagner du terrain, mais chaque fois, l'action de leurs propres pouvoirs les forçaient à reculer. Avec leurs pouvoirs à pleine puissance, le combat aurait peut-être été de force égale, mais affaiblis comme ils l'étaient, la victoire semblait impossible.

Engourdi de froid par le pouvoir de Nuju, Vakama jeta un coup d'œil à la Krahka. Il s'attendait à voir une créature rayonnante, savourant son triomphe sur les Toa, mais il vit plutôt une Krahka sur le point de s'écrouler.

— Continuez le combat! cria-t-il aux autres Toa. N'abandonnez pas!

La Krahka dégageait de plus en plus de puissance. L'un après l'autre, les Toa Metru tombèrent sous l'assaut, mais chacun trouva la force de se relever. La colère de la Krahka augmentait de minute en minute, mais, malgré toute sa puissance, elle n'arrivait pas à faire abandonner ses adversaires.

Chacun des Toa se battait pour sa propre vie. Nuju bataillait contre des vents déchaînés, Nokama sautait pour éviter des boules de feu, Matau repoussait des pierres à l'aide de ses lames aéro-tranchantes, Vakama luttait contre un énorme blizzard, Onewa essayait de surmonter des vagues de terre et Whenua, des trombes d'eau.

Nokama réalisa que, pour vaincre la Krahka, leur simple volonté ne suffirait pas. Il leur fallait plutôt porter un coup à la volonté de la créature et l'affaiblir par l'intérieur. C'était leur seul espoir de réussir.

— Je te souhaite de gagner! cria Nokama à la Krahka. Tu le mérites bien!

L'attaque de la Krahka ne faiblit pas, mais elle regarda la Toa avec étonnement.

Nuju devina la stratégie de Nokama et décida d'y joindre ses efforts.

— Elle a raison, cria-t-il malgré le vent. Au moins, si nous restons pris ici, nous serons ensemble. Toi, tu seras seule jusqu'à la fin de tes jours, Krahka.

Nokama évita de justesse une boule de feu intense.

— J'ai vu comment les Rahkshi se comportent en ta présence, dit-elle. Ils te craignent, comme toutes les autres créatures dans le coin, d'ailleurs. Ils savent que tu es une tricheuse.

— Les Rahi vont fuir Metru Nui, ajouta Onewa. Tu vas régner en maîtresse absolue sur… rien.

La Krahka n'apprécia pas ces paroles. Elle commença à combiner ses pouvoirs, utilisant de la terre et de l'eau pour ensevelir Onewa sous une mer de boue. Nokama eut besoin de toute son agilité pour éviter du roc en fusion. Vakama fut confronté à une tempête de neige, de glace et de pierre.

— Nous allons construire une nouvelle cité-demeure ici, dit Matau. Mais toi, espèce de monstre, tu seras toujours dans la nuit-obscurité, même quand tu te promèneras sous la lumière des soleils!

— Vous essayez de me confondre, rugit la Krahka. Ça ne fonctionnera pas!

Whenua savait que la créature mentait. Mieux encore, plus la Krahka s'énervait et plus elle utilisait de grandes quantités d'énergie. Onewa avait raconté à Whenua comment la créature s'était servie de son apparence pour tromper les autres Toa. Whenua décida donc de lui rendre la monnaie de sa pièce.

Tout en luttant contre la force écrasante de l'eau, il s'agenouilla et activa ses marteaux-piqueurs. Leur bruit fut couvert par celui des vents qui hurlaient dans la pièce. Il creusa rapidement un trou dans le sol et s'y glissa. L'eau s'y engouffra aussi. S'il avait vu juste, cette manœuvre ferait enrager la Krahka encore plus. S'il s'était trompé, la Krahka n'aurait plus que cinq Toa à combattre.

L'énorme créature remarqua immédiatement que Whenua avait disparu.

— Où est-il? Où est le Toa de la terre? demanda-t-elle en le cherchant frénétiquement des yeux.

Le sol de pierre derrière la Krahka explosa. La tête de Whenua émergea du trou.

— Surprise! cria-t-il à pleins poumons. Regarde ce qu'un vrai Toa de la terre, et pas une pauvre imitation, peut faire!

Whenua disparut de nouveau sous terre. Enragée, la Krahka fit fondre la pierre autour du trou tout en continuant à attaquer les cinq autres Toa.

En dessous, le Toa de la terre s'efforçait de retenir son souffle pendant qu'il creusait la pierre à l'aide de ses marteaux-piqueurs. S'il avait bien calculé, la Krahka se tenait juste au-dessus de lui... et elle était sur le point d'avoir tout un choc.

La Krahka sentit le sol bouger sous ses pieds et tenta de conserver son équilibre. Elle ne voulait surtout pas tomber devant ces... ces intrus! Elle allait les écraser un à un, puis tous les habitants d'en haut, et elle serait enfin la maîtresse des lieux! Mais… sur qui régnerait-elle? De stupides Rahi? Et que leur ferait-elle faire?

Non, cela n'avait pas d'importance. Ils obéiraient à ses ordres. Comme par exemple de… de…

Mais que se passerait-il si tous les Rahi s'enfuyaient à son approche? Elle devrait les arrêter. Elle les emprisonnerait dans la cité, comme elle l'aurait fait pour les habitants d'en haut. Elle mettrait en cage tout être vivant : c'était le seul moyen d'assurer sa propre survie.

La créature étant distraite par le débat qui faisait rage en elle, ses pouvoirs faiblirent et cela permit aux Toa de gagner du terrain. Onewa sentit que la fin était proche. Il suffirait d'un autre événement pour faire tomber la Krahka. Il indiqua aux autres Toa de se regrouper de façon à former un triangle étroit, forçant ainsi la Krahka à concentrer un maximum de puissance sur un point.

Réagissant à la manœuvre, la Krahka pointa tous ses bras dans la même direction. Les six différents jets projetés se retrouvèrent les uns près des autres. Whenua choisit ce moment pour surgir du sol juste derrière la bête, en poussant un puissant cri de rage qui troubla la concentration de la Krahka. Les pouvoirs élémentaires qu'elle s'apprêtait à envoyer se mêlèrent alors en une impressionnante explosion.

Les Toa esquivèrent le jet de justesse. Seul Vakama se retourna et constata qu'une nouvelle substance, semblable à du protodermis solide, s'était formée là où le jet avait frappé.

Comment cela se fait-il? se demanda-t-il. *Est-ce que la combinaison de nos pouvoirs produirait cela? Peut-être...*

— Attention, Vakama! cria Nokama.

Puis, sans aucun avertissement, les pouvoirs cessèrent d'émaner de la Krahka. La créature géante vacilla, puis s'écroula, heurtant le sol avec tant de force que probablement tout Metru Nui en fut secoué. Elle était là, inerte, son corps amorçant avec lenteur une nouvelle transformation. Mais personne n'aurait pu dire ce qu'en serait le résultat.

Vakama s'approcha du corps étendu par terre.

— Elle vit toujours. Le surplus d'énergie qu'elle a dû dégager pour utiliser tous nos pouvoirs à la fois l'a abattue. C'est fini... du moins, pour le moment.

— Oui, pour le moment, dit Nokama, car quel genre de cage pourrait prétendre retenir une créature qui peut se transformer à volonté?

— Les Onu-Matoran peuvent la mettre dans un tube hypostatique, suggéra Whenua. Elle sera ainsi conservée aux Archives jusqu'à ce que ce soit possible, un de ces jours, de la relâcher en toute sécurité.

— Et s'il y en a d'autres comme elle par ici? dit Onewa.

— Je reconnais bien le Toa de la pierre, ricana Matau. Toujours aussi optimiste-positif.

— Non! grogna la Krahka. Non… je ne me laisserai pas… enchaîner!

Les Toa firent volte-face et virent que leur ennemie avait adopté, une fois de plus, la forme d'une anguille de lave. Seul Vakama était suffisamment près d'elle pour l'arrêter, mais il ne fit pas un geste quand la créature plongea dans le bassin de protodermis en fusion. Les autres accoururent, mais quand ils arrivèrent au bord du bassin, il n'y avait plus aucune trace de la Krahka.

— Pourquoi ne l'as-tu pas arrêtée? demanda Onewa. Tu l'as laissée s'enfuir!

— Elle s'est battue pour protéger son territoire, mais avec trop de pouvoir et habitée par trop de rage, elle est devenue une menace, dit calmement Vakama. J'ai dû voir en elle une image de nous-mêmes… de ce que nous pourrions devenir si nous ne faisons pas attention.

Onewa leva les mains en l'air.

— Je te comprendrai sûrement un jour, cracheur de feu, répliqua-t-il, mais j'ai l'impression que ce jour n'est pas encore arrivé.

Nokama resta un long moment à fixer le bassin. Vakama avait-il eu raison d'agir ainsi? D'un côté, la Krahka n'était pas une simple bête sans cervelle, mais elle avait encore bien des choses à apprendre avant de pouvoir vivre en paix avec les autres. D'un autre côté, était-il possible pour un être vivant de mettre en pratique de telles leçons s'il était condamné à passer le reste de sa vie dans une cage? La Toa de l'eau n'avait pas de réponse à cela. Mais une autre question la hantait... Avec ce pouvoir qu'elle possédait de changer d'apparence à volonté, si la Krahka survivait et revenait un jour rôder par ici... comment le saurait-on?

ÉPILOGUE

Turaga Vakama s'assit lorsqu'il eut terminé son récit. Tahu Nuva fut le premier à prendre la parole.

— Je vois que la victoire n'était pas très facile à reconnaître à Metru Nui, du moins pas comme elle l'est ici. Mais je suis sûr que les Matoran ont applaudi vos exploits.

Vakama secoua la tête.

— Ils n'ont jamais entendu cette histoire, Toa du feu. Nous avons colmaté les brèches, tel que nous devions le faire, puis nous avons quitté les lieux. Sur le chemin du retour, nous avons décidé qu'il ne servirait à rien de faire part aux autres de notre expérience dans les tunnels. Whenua suggéra d'avertir les Matoran d'être plus prudents lors des prochains travaux d'excavation, afin de ne pas nuire à la vie naturelle souterraine.

— Mais s'il s'agissait d'un danger? demanda Kopaka Nuva.

— La Krahka avait tout simplement défendu son territoire contre l'envahisseur, comme vous l'avez fait vous-mêmes contre les Bohrok, répliqua Vakama. Ayant compris qu'elle ne pouvait pas, à elle seule, venir à bout de six ennemis, elle n'allait plus menacer le monde en surface. Du moins, c'est ce que nous pensions...

— Voilà donc la leçon à tirer de ce récit, dit Hahli. Quand les Toa sont solidaires, rien ne peut les vaincre.

Vakama eut un sourire d'approbation à l'endroit de la chroniqueuse.

— Très bien, dit-il. Mais ce n'est là que la moitié de la leçon. Quelle est l'autre?

Hahli ne put pas répondre à cette question. Les Toa Nuva échangèrent un regard, tous aussi embêtés les uns que les autres. Finalement, Lewa parla :

— Il est préférable de rester en surface. Les souterrains sont des endroits sombres-déplaisants.

En entendant ces paroles, tous les Toa Nuva, y compris Kopaka, sourirent. Vakama rit et dit :

— Non, Toa de l'air, ce n'est pas ça, même s'il y a du vrai dans tes paroles. Nous avons appris qu'il est possible de faire confiance, mais toujours en usant de sagesse. Nuju a fait confiance à l'image de Nokama et il s'est retrouvé enveloppé dans un cocon de pierre. La Krahka a utilisé notre amitié et notre confiance mutuelle contre nous.

Le Turaga du feu se pencha et ajouta sur un ton grave :

— Toa Nuva, ne faites pas confiance à ce que vous voyez et entendez, mais plutôt à ce que vous disent votre tête et votre cœur. Voilà une chose que, même après cette aventure, les Toa Metru n'avaient pas encore complètement assimilée.

Le visage de Vakama se rembrunit.

— Et cette faiblesse nous a coûté cher par la suite. Très cher.

— Que s'est-il passé ensuite? demanda Jaller. Vous êtes-vous rendus au Colisée? Avez-vous été acclamés comme des héros?

— Une fois sortis des tunnels, nous avons décidé de retourner chacun dans notre metru afin de nous assurer que nos amis Matoran étaient en sécurité. Nous avions aussi besoin de renouer avec certains aspects de notre ancienne vie avant de les abandonner pour toujours. Mais je vous raconterai ces histoires une autre fois. Pour répondre à ta question, oui, nous avons fini par nous rendre au Colisée pour nous présenter à Turaga Dume et aux Matoran qui s'y étaient rassemblés.

— Et alors? demanda avec empressement Takanuva, le Toa de la lumière.

— Je vois que vous ne serez pas satisfaits tant que vous n'aurez pas entendu toute l'histoire, répondit doucement Vakama. Très bien, mes amis. Je vais vous raconter une autre légende de Metru Nui...

Le Turaga parla ainsi longtemps dans la nuit, évoquant pour les Toa Nuva un monde qu'ils n'avaient pas connu.